古典落語の史層を掘る

高島幸次

和泉選書

【目　次】

四、「無筆」の落語にみる笑い…六三

本書の一章～五章、およびコラム①～⑬は書き下ろしたものですが、六章は「上方落語から見た『武士の町 大坂』」(『大塩研究 第八四号』二〇二一年)に加筆して再録しました。また、補論は「明治中期の天満天神裏にみる大道芸と寄席の風土」(『大阪の歴史 第七五号』二〇一〇年)に副題を付して、ほぼそのままに再録しています。

序 ―古典落語の当代性と歴史性―

落語といえば「笑わせてなんぼ」の作り話のように思われがちです。しかし、古典落語のモチーフやプロットには、その噺（はなし）が作られた江戸後期・明治期の政治・社会意識や生活習慣などが横たわっています。登場人物たちの会話も、当時の人々の教養や常識を踏まえています。

それは古典落語が持っている「当代性（時代性）」なのですが、それとは別に、古典落語には「歴史性」も横たわっています。この場合の歴史性とは、当代の人々でさえ忘却してしまった過去の当代性のようなものです。当代性が〈旬の情報〉だとすれば、歴史性は〈旬を過ぎた情報〉になります。

冒頭から理屈っぽい物言いになりましたが、次のように言い換えれば、話は簡単です。当代性とは、古典落語の位置を示す縦の空間軸、歴史性とは横の時間軸のようなものなのです。

この当代性と歴史性の影響下に成立したのが古典落語です。それなのに、底の浅い作り話だと感じるのは、その成立から百年、二百年も経つうちに、〈旬を過ぎた情報〉だけではなく〈旬の情報〉さえも、古典落語の歴史的な基層に埋もれてしまい、私たちが共感しにくく（できなく）なってしまったことによるのです。

一例として、落語『尿瓶(しびん)の花活(はない)け』の原話にあたる小咄「しゅびん」を挙げましょう（「しびん」は「しゅびん」の訛りです）。ある男が京・清水坂で「尿瓶」を「水翻(みずこぼし)」（茶道具の一つ）だと思い込んで買って帰り、その誤りを指摘されると、次のように抗弁するのです。

　この水翻は、弘法大師の時代のものだ。

これを聞いて「つまらない言い訳だなぁ」と嘲笑(あざわら)ってもいいのですが、実は、そのセリフの史層には平安時代の僧侶・守敏(しゅびん)が埋もれています。弘仁十四年（八二三）、弘法大師・空海が嵯峨天皇から「東寺」を賜ったとき、「西寺」を与えられたのが守敏です。空海と守敏は、その翌年には神泉苑(しんせんえん)における雨乞いで法力を競ったことでも知られました。これらの情報が歴史性にあたります。

そして、この歴史性を踏まえて、江戸時代には、ライバル関係を意味する「釈迦に提婆(だいば)、弘法に守敏」という慣用句が広まっていました。提婆とは、釈迦の弟子で後に釈迦に敵対した提婆達多(だった)のことです。守敏も提婆も、いまでは知る人も少なくなりましたが、江戸時代には釈迦や空海のライバルとしてよく知られた名だったのです。これは当代性です。敵対関係として二人の名は周知されていたのです。このような縦軸と横軸の交差するところに位置する右のセリフには、「弘法↓守敏↓尿瓶」の連想が横たわっているのです（コラム①参照）。

しかし、現代では〈旬の情報〉の当代性も〈旬を過ぎた情報〉の歴史性も、古典落語の史層に深く埋もれてしまいました。ですから、江戸後期・明治期の寄席に巻き起こった笑いと、現代の寄席に渦巻く笑いには、大きな差異があると考えなければなりません。そのあたりの機微を視野に入れて、本書は古典落語の史層を掘り起こそうとしています。

本論に入る前に、お断りしておきたいことがあります。それは、本書で掘り起こすような史層を知らなくても、落語は楽しめるということです。よく「時代背景を知らなければ、古典は解らない」と言われます。それはその通りなのですが、古典落語に限っては、その時代背景が解らなくても、十分に楽しめるのです。その理由を三つほど挙げておきましょう。

一つには、古典落語は、それが成立した当初のままに現代に口演されてはいないということです。文字で伝えられてきた古典籍と違って、落語は師匠から弟子への口承芸ですから、新しい時代のお客にも解りやすくするためにアレンジされ続けているのです。例えば、「西の御番所」と言うところを、「西の御番所、つまり西町奉行所のことですが」というような補足説明が行われます。大坂町人たちは「西の（東の）御番所」、周辺地域の村人たちは「大坂御番所」と言っていましたが、それでは現代人にはピンとこないための気配りです。また、「烏賊（いか）」あるいは「烏賊幟（のぼり）」と言うべきところを、「凧揚げ（たこあ）」と言い換えて口演します。西日本で使われてきた「烏賊」の名は、もはや死語となりましたから、同意の「凧揚げ」に言い換えて現代人に通じるようにしているのです。

このように、時代に合わせて様々な改変が施されているのですが、だからと言って原作が換骨奪胎されているわけではありません。原作のモチーフやプロットまでをも変えたのでは、それはもう別個の作品です。どんなに改変されても、その落語が作られた時代の政治・社会意識や生活習慣などはベースに横たわったままです。本書が掘り起こそうとしているのは、そのあたりの史層なのです。

二つ目の理由として、落語にはお客の多種多様な興味・関心にも、そして様々なレベルの常識や教養にも応えられる重層的な笑いが仕込まれていることがあります。さきほどの小咄「しゅびん」の場合でいえば、「弘法大師の時代のものだ」のセリフを聴いて、「この男は尿瓶を水翻に間違えたくせに、つまらない言い訳をしている」と笑ってもいいし、「弘法大師の時代に、まだ茶道は成立していなかったのに、アホやな」と時代錯誤を嘲笑しても構わない。「おぉ、弘法大師のライバル・守敏と尿瓶をかけたのか、うまい！」と感心笑いしてもいい。「水翻も弘法大師もよう知らんけど、この落語家の口調はオモロイなぁ」とにやけるのもありなのです。

さらには、「なんやらよう解らんけど、客席のみんなが笑ってるから、笑っとこか」と釣られ笑いしても大丈夫。心理学のジェームズ・ランゲ説に「悲しいから泣くのではない。泣くから悲しいのだ」という有名な学説があります。その伝でいえば、「面白いから笑うのではない。笑うから面白いのだ」といえるはずです。釣られ笑いの結果、面白くなれば、それでいいのです。

このような重層的な笑いについては、哲学者のアンリ・ベルクソンが「すべてのおかしさをただ一つの定式から演繹しようと思うのは現実離れしている」と言うことに通じます（『笑い／不気味なもの』平凡社ライブラリー、二〇一六年）。落語は笑いの種類にこだわりません。多種多様な笑いを重層的に仕込んでいることこそが落語の特長なのです。ですから、寄席に巻き起こる大爆笑は、一種類の大笑いというよりは、多種多様な笑いがシンクロニシティ（同期）した結果とみるべきなのです。

現代人が古典落語を楽しめる三つ目の理由としては、解りにくくなった（解らなくなった）フレーズが適宜に省かれていることがあります。古典落語が作られた時代には〈旬の情報〉だったものが、現代では〈旬を過ぎた情報〉になってしまった結果です。落語『佐々木裁き』の原作には、「東のお奉行さん、大根で、評判が悪いさかい」という、幕末期の大阪町人には大受けのセリフがありましたが、現代ではそこに込められたアイロニカルな笑いは通じなくなりましたので、いまでは省かれています（一章参照）。削除しても、噺の大筋に影響がなく、そのほうがいいと判断されるのですが、この種の削除は挙げだせばきりがありません。

落語の時代背景を知らなくても楽しめるのは、以上のような工夫が施されているからなのです。今に伝えられる古典落語の多くは、右の三つの条件を満たしています。時代に合わせてうまくアレンジされ、重層的な笑いが仕込まれ、解りにくい箇所が省かれた落語は、現代でも面白いのです。

それなら、なぜ本書は古典落語に埋もれてしまった史層を掘り起こそうとしているのか。それは、江戸後期・明治期に視座を据えれば、落語の楽しみ方の幅が格段に広がるからです。本書で発掘する古典落語の史層を知らなくても落語は面白い。しかし、知ればもっともっと面白い、これが表向きの理由です。

そしてもう一つの理由に（こちらのほうが私の本音です）、日本史研究者として、古典落語にかけられている冤罪を晴らしたいという思いがあります。古典落語が作られて以降、長い年月のうちに価値観が変化し、知識が喪失し、誤解が生じやすくなってしまいました。結果、古典落語のベースに横たわっている時代背景が、ときにはデタラメに、ときには嘘っぽく聞こえてしまうのです。この誤解によって、落語に巧妙に仕組まれた重層的な笑いも、薄っぺらな単層の笑いに貶められています。このような誤解に基づく冤罪を晴らしたいのです。

時代の変化に伴って、見えるべきものが見えなくなり、見なくていいものが意義深く見えてしまうことはよくあります。落語に描かれた世界が、非常識な作り話に見えたとしても、その古典落語が作られた時代には常識的なリアルな設定であったかもしれない。下手な駄洒落にしか聞こえなくても、それは含蓄に富む言葉遊びだったのかもしれない。本書では、そのあたりに目配りしながら、落語の史層を掘り起こしたいと考えています。

一、落語『佐々木裁き』の史層

はじめに

古典落語の登場人物は、上方落語の「喜六（喜ぃ公）・清八（清やん）」や、江戸落語の「八五郎（八っつあん）・熊五郎（熊さん）」などを挙げるまでもなく、基本的に架空の人物です。そのほうが、物語に余計な制約を伴わないで済むからでしょうか。

ところが、落語に登場する町奉行は、その多くが実在の人物なのです（**六章参照**）。江戸落語では大岡越前守忠相が典型ですが、上方落語の場合は、大岡ほどの有名人がいないせいか、何人かの歴史上の町奉行が登場します。本章では、上方落語の『佐々木裁き』（江戸落語では『佐々木政談』）をテキストとして、そこに語られる「西町奉行」と「佐々木信濃守」の史層を発掘しようとしています。

1、上方落語の西町奉行

『佐々木裁き』は、明治期の落語家・三代目笑福亭松鶴（一八四五～一九〇九）の作です。その原作は、『上方はなし 上巻』（三一書房、一九七一年）に収録された五代目笑福亭松鶴（一八八四〜一九五〇）の口演に受け継がれています。その後、他の古典落語と同じく、現代に至るまで改変されてきていますので、まずは現行落語の粗筋を紹介し、その後で三代目の原作をも勘案しながら、その史層を探ることにしましょう。

大坂西町奉行の佐々木信濃守が市中見廻りをしていると、住友の浜（大阪市中央区島之内）で子どもたちが〈お奉行ごっこ〉で遊んでいる。奉行役の四郎吉が、子どもたちの喧嘩（補①）を裁許する様子を観察した信濃守は、その裁きぶりに感心し、四郎吉と父親の桶屋・高田屋綱五郎らを奉行所に呼ぶ。奉行所では、信濃守が四郎吉に奇問・難問（補②）を繰り出すが、四郎吉はそのつど機転の利いた受け答えで切り返す。信濃守はその才能を見込み、綱五郎に「十五になるまでその方の手元に置け。十五にならば身共が引き取って養育してとらす」と命じる。

このあと、落語家の地語り（じがたり）で「立派な与力になって、世間の箍（たが）を締めました」とオチをつけます。しかし、「箍を締める」から父親の「桶屋」を連想できる観客が少なくなりましたので、最近は「のちに有名な天満与力に出世いたします」とサゲることが多いようです。

補①の「子どもたちの喧嘩」とは、「一ツから十まで〈ツ〉が揃っているか否か」を巡っての喧嘩です。奉行役の四郎吉が「揃っている」と答え、子どもたちが「〈十ツ〉とは言わない」と反発すると、四郎吉は「〈五ツツ〉の〈ツ〉を一つ取って〈十〉に付ければ、揃っている」と切り返すのです。このやりとりの原話は、江戸初期の咄本『きのふはけふの物語』に載っています。

補②の「奇問・難問」とは、「この衝立に描かれた仙人は何を話しているのか?」という問いかけのようなものです。これも、四郎吉は「絵に描かれた仙人が話すわけがないのに、それを聞いてこいとは、信濃守はアホやと言っている」というようにやり返します。三代目松鶴は、元は講談師でしたから、講談の一休頓智ネタの「屏風の虎」から借用したのでしょう。

よくできた落語で、現代の寄席でもよくかけられますが、いくつか気になることもあります。たとえば、㉟佐々木信濃守顕発（以下、○印の数字は東町・西町奉行の代数を示す）は実在の東町奉行（在任一八五二〜一八五七）なのに、なぜ西町奉行として登場するのかということです。ほかにも、主人公の子ども名が、落語には珍しい「四郎吉」であることも、長屋住まいの綱五郎が、桶屋らしからぬ「高田屋」の屋号を名乗っていることなども気になります。

桂米朝（一九二五〜二〇一五）も、「お奉行様の出てくる噺は多いのですが、これがみな、西町奉行所のことになっています。何か理由があるのかも知れません」と首を傾げています（『米朝落語全集 増補改訂版 第三巻』、創元社、二〇一四年）。

事実、上方落語に東町奉行は登場しません。落語『五貫裁き』や『帯久』は西町奉行・㊷松平大隅守信敏（在任一八六二〜一八六七）、『さじ加減』は西町奉行・㊹小笠原伊勢守長功（在任一八六七〜一八六八）、ほかにも『五人裁き』や『天狗裁き』『次の御用日』でも、その名は明かされませんが西町奉行が登場するという具合です。ですから、この問題は『佐々木裁き』だけではなく、上方落語の町奉行ネタ全体にかかわることなのです。

米朝は「場所がら、西の御番所の方が大坂市民に馴染みが深いせいでしょう」とも推測していました（『桂米朝集成 第一巻』、岩波書店、二〇〇四年）。たしかに、東町奉行所（中央区大手前）が、大阪城に近い天満橋南詰にあったのに比べて、西町奉行所（中央区本町橋）は船場から本町橋を東へ渡ってすぐのところでしたから、大坂町人たちに「馴染み深い」と言えなくもない。しかし、この推測とは全く別のところに答えがありました。

2、東町奉行・跡部良弼と与力・大塩平八郎

原作者の三代目松鶴は、江戸後期に生まれ、佐々木信濃守の東町奉行在任中に大坂で少年期を過ごしていますから、落語で「西町奉行」としたことにはそれなりの理由があるはずです。うっかりミスとは思えません。事実、五代目の口演では、四郎吉に次のように語らせています。

皆、東さんでやるのやけど、東のお奉行さん、大根で、評判が悪いさかい、俺ら西でやってやった、今度、江戸から出て来よった、佐々木信濃守。

他のグループの子どもたちは「東町奉行・佐々木信濃守」で〈お奉行ごっこ〉をしているが、四郎吉

たちは、評判の悪い東町を避けて、西町に代えて遊んでいるというのです。どうして、このような言い訳がましいセリフがあるのかといえば、三代目松鶴が口演した明治期の寄席には、まだ佐々木信濃守が東町奉行であったことを覚えているお客も多かったからなのです。そのお客たちは、このセリフに「ウン、ウン」と頷いたにちがいない。なお、現行落語では、このフレーズは省略されています。

では、評判の悪い東町奉行とは、具体的には誰を指したのか。歴代の東町奉行の事績を辿ってみると、まず目につくのは、⑫稲垣淡路守種信（たねのぶ）（在任一七二九～一七四〇）です。稲垣種信は、元文五年（一七四〇）の「辰巳屋一件」に収賄の罪で連座して、「知行半知召上（ちぎょうはんちめしあげ）（領地半分を没収）」と「閉門（監禁刑）」に処せられています。

大坂の豪商・辰巳屋の相続事件は、幕府の最高機関・評定所で審議され、江戸町奉行や幕閣までをも巻き込んだ大事件に発展します。そのため、事件直後から、小説『銀の笄（かんざし）』や、歌舞伎・浄瑠璃の『棹歌（さおのうた）木津川八景』『女舞剣紅楓（おんなまいつるぎのもみじ）』などに脚色され、大坂町人には大評判の事件となりました。

現代に至っても、松井今朝子（けさこ）『辰巳屋疑獄』（筑摩書房、二〇〇三年）や、朝井まかて『悪玉伝』（KADOKAWA、二〇一八年）が小説のテーマとしています。全くの余談ですが、筆者は『辰巳屋疑獄』の編集者から依頼を受けて、そのカバー絵に吉川進「夏祭船渡御図（なつまつりふなとぎょず）」（大阪天満宮所蔵）を使用する許可の手続きを行ったことがあります。そして、その約十数年後には『悪玉伝』の著者から依頼されて、文庫版の「解説」を書かせていただきました。不思議な御縁でした。

それはともかく、稲垣種信は知行の半分を召し上げられ、閉門に処せられた評判の悪い東町奉行として知られたのですが、三代目松鶴が『佐々木裁き』を作るのは、それから百数十年ものちのことです。落語が東町奉行を避けた責任を、種信に押し付けたのでは濡れ衣の誹りを免れないでしょう。

そこで次に注目されるのが、東町奉行・㉚跡部（あとべ）山城守良弼（よしすけ）（在任一八三六～一八三九）です。跡部は、在任中の米価の暴騰になんらの対策も講じず多数の餓死者を出し、元東町奉行組与力・大塩平八郎が求めた救民計画も無視したばかりか、江戸に米の廻送を命じたことで一層の米価の高騰を招き、それが「大塩平八郎の乱」の原因になったとされている人物です。

その歴史学的評価はさておき、世間的には、乱を起こした大塩が英雄扱いされたのに対し、乱を取り締まった跡部の評判は甚だ悪かったのです。岡本良一『大塩平八郎』（創元社、一九四三年）から引用しておきます。

> 「どっと出て　さっと引きたる　大塩が　また出ようかと　跡部こわがる」。民衆は醜態を演じた町奉行を嘲笑することで、支配階級の悪政に対する憤懣の吐け口を見つけようとしたし、「大塩の悪口は余りこれなく、それゆえか町内へ大塩を褒め申す間敷（まじく）とのお触れこれあり」（『塩逆述』）と平八郎をたたえることで、権力に対する闘いの伝統を朽ちおわらすまいと誓った。

東町奉行・跡部良弼が「憤懣の吐け口」とされる一方、大塩平八郎を褒める町人が多く、それを禁ずる御触まで出たというのですから、よって知るべしです。

落語に戻れば、四郎吉の「（東町奉行は）大根で、評判が悪い」というセリフは、少年時代の三代目松鶴が聞いた大坂町人たちの生の声だったに違いありません。その反面、四郎吉が「（与力は）とかく金のあるほうへ傾くわ」と皮肉を言った後の地語りで、「そう妖しい与力衆ばかりでもございません。中には大塩さんのような与力衆もござります」と、わざわざ大塩贔屓のセリフを挿入していました。三代目松鶴は講談師時代には講談『大塩平八郎』を得意としましたから、大坂における大塩の人気を熟知しており、『佐々木裁き』の根底に「大塩贔屓」を据えたというわけです。

ちなみに、この跡部良弼に発した東町奉行のマイナスイメージは、幕末における東町奉行の短期交代劇によって決定づけられることになります。元治元年（一八六四）六月二十九日、東町奉行は㊴有馬出雲守則篤から㊵堀伊賀守利孟に交代し、それに先んじて五月に東町奉行に推挙されていた㊶竹内下野守保徳は、大坂に着任しないままに退隠してしまいます。そして、次代の㊷古賀謹一郎増も、八月十日に就任したものの翌月四日には辞して、㊸松平駿河守乗樸に交代してしまうのです。

たとえ幕末の動乱期とはいえ、一年のうちに四人も町奉行が交代したのでは、評判は悪化するばかりでした。先の跡部良弼の評判と合わせて東町奉行の悪評は決定づけられ、上方落語に東町奉行は登場しなくなったというわけです。

落語に東町奉行が登場しない理由については、これで一件落着としたいところですが、問題はまだ残っています。それは、『佐々木裁き』が実在の西町奉行ではなく、わざわざ東町奉行であった佐々木信濃守を西町奉行に置き換えて登場させたことの意味です。

3、佐々木高綱と真田幸村

実は、前著『上方落語史観』（140B・二〇一八年）では、東町奉行・佐々木信濃守と同時期に西町奉行を務めた㊴川村対馬守修就（ながたか）（在任一八五四～一八五五）が、あの勝海舟から、「三河武士の美風を受けた正直なよい侍」と高く評価された人物であることを紹介し、川村修就を落語に登場させればよかったのにと書きました。

しかし、これは私が迂闊でした。川村はのちに㊳東町奉行（在任一八六一～一八六三）にも就いていますし、何よりも、この落語における町奉行は、どうしても「佐々木」姓でなければならない理由があったのです。

その理由も、五代目松鶴の口演が明らかにしてくれます。現行落語『佐々木裁き』のサゲは、地語りの「のちに有名な天満与力に出世いたします」であることは先に紹介しました。しかし、五代目松鶴は（すなわち三代目松鶴の原作では）、信濃守が四郎吉の親に「四郎吉が十五歳になったら、近習（きんじゅう）に取り立てる」と告げた後に、次のような会話を交わしています。

佐々木　「四郎吉、今日よりは、余の家来じゃぞ、武士じゃぞよ」
四郎吉　「イヤー今日から武士やなア、それで名大将の名前が出来ました」
佐々木　「名大将の名前とは」

四郎吉「あんたが佐々木さんで、お父さんが高田屋綱五郎で、私が四郎吉、合せて佐々木四郎高綱」

佐々木「フンー佐々木四郎高綱とは予が先祖じゃ、四郎吉、その方も源家（げんけ）（元気）か」

四郎吉「イーエ、私は平家（平気）でおます」

西町奉行が「佐々木」姓でなければならない理由は、ここにあったのです。奉行の「佐々木」だけではなく、主人公の「四郎吉」、その親の「高田屋綱五郎」の名も、サゲの「佐々木四郎高綱」に集約させるための伏線だったのです。長屋住まいの桶屋が「高田屋」の屋号を持つことにも違和感があったのですが、これも納得です。

佐々木四郎高綱（たかつな）（?～一二一四）とは、鎌倉初期の実在の武将です。寿永三年（一一八四）の「宇治川の戦い」で梶原景季と先陣争いをしたことで有名でした。しかし、大坂町人たちにとっての高綱は、歴史上の人物というよりは、大坂町人に人気の真田幸村を投影した芝居のキャラクターとして知られていたのです。

というのは、江戸時代に「大坂の陣」における豊臣方の活躍を芝居にする際、幕府に忖度して、時代設定を鎌倉時代に置き換えたからです。文楽・歌舞伎の『近江源氏先陣館（おうみげんじせんじんやかた）』や、その続編的な『鎌倉三代記』がそれです。登場人物も、徳川家康は北条時政に、豊臣秀頼は源頼家に、そして真田幸村は佐々木高綱にという具合に、鎌倉時代の人物に仮託されていました。しかし、芝居を楽しむ観客た

図１　御迎え人形「佐々木高綱」（『天満宮御神事御迎船人形図会』）

ちはその辺りの事情は百も承知でしたから、大坂町人に人気の真田幸村を投影した佐々木高綱は、その意味で超有名人だったというわけです。

現行落語の中でも、四郎吉たちの〈お奉行ごっこ〉を観察していた佐々木信濃守の羽織に「四ツ目の紋」が付いていたというセリフがあるのですが、これも佐々木高綱の家紋に響かせるとともに、そこから真田幸村を思わせる動線になっていたのです。

高綱の家紋が「四ツ目結紋」であることは周知されていましたから、明治以降の芝居では、高綱がぶっ返り（着物の上半身を裏返して腰から垂らす演出）で古銭模様の裏柄を披露する場面を作りました。いうまでもなく、この古銭模様は真田幸村の家紋「六文銭」になぞらえています。幸村ファンの観客たちは、この場面で大喝采したのです。

そして、大阪天満宮（大阪市北区）の夏祭「天神祭」の御迎え人形「佐々木高綱」は、その胸板に佐々木家の「四ツ目の紋」を描きますが、襦袢には「六文銭」を思わせる永楽銭が散りばめられています（図1）。大阪人にとって、佐々木高綱は真田幸村を仮託した人物として周知されていたことの証左です。『佐々木裁き』の史層には、「大塩平八郎贔屓」だけではなく、「真田幸村人気」も埋もれていたのです。古典落語を侮ってはなりません。

おわりに

如何でしたか。『佐々木裁き』の史層の掘り起こしを楽しんでいただけましたでしょうか。この落語は、四郎吉が佐々木信濃守を相手に繰り出す頓智の利いた問答が面白い話として、現在にも人気の演目です。前半の子どもたちの〈お奉行ごっこ〉の場から、後半の本物の奉行所に移る場面転換もよくできています。

しかし、それだけではなく、この落語が作られた時代には、「大塩平八郎贔屓」と「真田幸村人気」が重要なベースとして横たえられていたことを明らかにしました。明治期の寄席では、東町奉行への悪評を聞きながら大塩平八郎への思慕を寄せた観客も多かったでしょう。サゲの「佐々木四郎高綱」の名を聞いて、真田幸村を連想し、ニンマリした客も少なくなかった。

しかし、現代ではそのような史層に気付くお客は、ほとんどいなくなりました。それでも楽しめるのが落語なのですが、その史層をのぞけば、より興味深く楽しんでいただけるのではないでしょうか。『佐々木裁き』の史層発掘は、これにて一件落着としておきましょうか。

コラム① 尿瓶と守敏

本書は、古典落語に埋もれている史層を掘り起こそうとしていますが、この作業は「言うは易く行うは難し」です。前著『上方落語史観』でも、近世史専攻の立場から同様の作業を試みたのですが、その結果、改めて「行うは難し」を思い知ることになりました。それは、本書の「序」でも少し触れた「弘法大師の時代のものだ」のセリフについてです。恥を忍んで、その経緯を披露しておきましょう。

前著において落語『尿瓶(しびん)の花活け』を論じた際に、その原話の一つである小咄「しゅびん」(一七五五年の『口合恵宝袋(くちあいえほうぶくろ)』に所収)を紹介しました。「尿瓶」を「水翻(みずこぼし)」(茶道具の一つ)だと思い込んで買い帰った男が、その誤りを指摘されると、次のように抗弁したのです。

(この水翻は)弘法大師の時代のものだ。

このセリフの面白さについて、私は、弘法大師の時代にはまだ茶の湯がなかったことを知らずに、恥を重ねる情けない言い訳だと解釈しました。「平安時代に茶道具があるわけもないのに、バカだねぇ」というような、その時代錯誤を笑う面白さだと考えたのです。

この解釈には、それなりの根拠もありました。落語『時うどん(とき)』(江戸落語では『時そば』)に「えらい古い言いぐさでんな。弘法さんの頭に丁髷(ちょんまげ)を結うてた時分の言いぐさでんな」と揶揄する場面があります。また落語『三枚起請(さんまいきしょう)』にも、昔の話であることを説くのに「弘法大師にまだ髷があって寺子屋へ通(かよ)てた時分の話やで」というセリフがあるのです。どうやら、江戸時代には、弘法大師の名さえ出せば、それで古い時代のことだと通じる、そんな共通認識があったのだと類推したのです。

ところが、前著の刊行直後に、古代史の竹居明男先生（同志社大学名誉教授）から、これは平安時代の僧侶・守敏の名を尿瓶に響かせているのでは？というご指摘をいただいたのです。守敏の名が思い浮かばなかったのは、全く以って私の迂闊でした。

平安前期の弘仁十四年（八二三）、弘法大師・空海が嵯峨天皇から東寺を賜ったとき、西寺を託されたのが守敏です。その翌年に行われた神泉苑における雨乞いでは、空海と法力を競い、敗れた守敏は空海に矢を射たが、地蔵菩薩に阻まれたという伝説もあります。現在、羅城門跡（京都市南区）近くに祀られている「矢取地蔵」はその地蔵だと伝えられています。

現在の教科書などでは、空海のライバルは伝教大師・最澄であるかのように説かれていますが、日蓮の「下山御消息」（一二七七年）に、「伝教大師と護命、守敏と弘法」とみえるように、最澄と護命、空海と守敏の敵対関係が知られていたのです。

ちなみに、護命（七五〇～八三四）とは、法相宗の僧で、最澄が大乗戒壇の独立を主張した際に、南都仏教を主導して反対した人物です。

その後も、『古事談』（一二一二～一二一五年）第三、『元亨釈書』（一三二二年）巻第一、『太平記』（一三七〇年ころ）巻十二などに、空海と守敏の対立は記され、江戸時代になっても浄瑠璃『以呂波物語』（一六八四年初演）には、二人の法力争いが描かれています。

与謝蕪村（一七一六～一七八四）も「負腹の守敏も降らす旱かな」と詠んでいます。「負腹」は、勝負に負けて腹を立てる意味です。神泉苑での空海との法力争いに負けた守敏ですが、悔し涙の雨を降らせたという伝説に基づいた句なのです。

また、ライバル関係を表現する「釈迦に提婆、弘法に守敏」という慣用句も、江戸時代には広まっていました。提婆とは、釈迦の従兄弟である提婆達多のことで、出家前の釈迦と耶輸陀羅姫を争って敗れたという伝説があります。また、釈迦が悟りを得た後には、その弟子となったが、のち教団の分裂を図って、釈迦の殺害を企てています。守敏も提婆も、いまでは知る人も少なくなりましたが、江戸時代には釈迦や弘法のライバルとしてよく知られた名だったのです。

さらに、「きたない御名は良弁と守敏也」という川柳があります。東大寺の初代別当・良弁を「両便（大便・小便）」に、守敏を「尿瓶」にもじった尾籠な句です。

これらのことを踏まえれば、「弘法大師の時代のものだ」のセリフは、「弘法→守敏→尿瓶」の連想を踏まえていることは間違いありません。これは江戸時代の観客なら誰もがピンとくる連想だったのです。古典落語には、このような史層が深く豊かに埋もれているのです。

コラム②「士農工商」世代の誤解

いまから二十年ほど前までの日本史教科書では、江戸時代には「士農工商」の厳しい身分制度が施かれていたと説かれていました。教科書にゴチック体で記された四文字は、日本史の基礎知識でした。

ところが、一章でテキストにした落語『佐々木裁き』では、桶屋の倅（せがれ）の四郎吉が、奉行所の与力に採り立てられます。「士農工商」を教え込まれた世代としては、「工＝桶屋」の子・四郎吉が「士＝与力」になるなんて認め難いことです。なぜなら、身分とは生まれながらに決まっていて、変更できないのだと習ったからです。

現在の寄席の大半のお客はその「士農工商」世代ですから、職人が武士に出世するサゲを聞きながら、やっぱり落語はご都合主義の出鱈目な作り話だと思っても仕方がないでしょう。

しかし、現在の教科書に「士農工商」は載っていません。なぜなら「士農工商」とは、紀元前の中国における代表的な職業（官吏・農民・職人・商人）の指標でしかなかったからです。

我が国においても、例えば本願寺第八世・蓮如（一四一五～一四九九）の「御文（おふみ）（布教用の手紙）」に、布教対象の職業を「侍能工商（しのうこうしょう）」と記している如くです。

すなわち、江戸時代には、支配層である武士と、被支配層である百姓・町人の別はあっても、「農・工・商」などという身分はなかったのです。そもそも、幕府の法令に「士農工商」の字句さえ見えないのです。明治新政府の「四民平等」のスローガンを強調するための、後付けの説明でしかなかったのです。

『佐々木裁き』を作った三代目松鶴は、武士や町人・百姓がその職業を変えることを、リアルタイムにみてきた世代ですから、佐々木信濃守が四郎吉に向かって「今日よりは、余の家来じゃぞ、武士じゃぞよ」と言い聞かせ、与力に採りたてることに何の違和感もなかったのです。

しかし「士農工商」世代の観客や落語家には、「桶屋の倅が今日から武士」というのは抵抗があるためか、信濃守は綱五郎に「十五になるまでその方の手元に置け。十五にならば身共が引き取って養育してとらす」というように、「養子」を匂わせて、違和感を薄めようとしています。

同様のことは、落語『妾馬（めかうま）』（前半だけを『八五郎出世』の名で口演することが多い）にもみられます。粗筋は以下の通りです。

大工の八五郎の妹のお鶴は、殿様の側室（貴人の妾）となり、お世継ぎを生んだ。そこで、八五郎は殿様にお目見えのため登城する。八五郎は長屋付き合いのままの天真爛漫な態度で殿様に接し、家老たちをハラハラさせるが、殿様は八五郎を気に入り、家臣として召し抱える。家臣となった八五郎は、馬に乗って使いに出かけるが、乗馬の経験がないため馬が暴走してしまう。「なぜ急ぐのか?」と聞かれると「馬に聞いてほしい」と答える。

ここでも、大工職人が突然に大名の家臣になるのですが、やはり「士農工商」世代にはしっくりきません。しかし、これも決して荒唐無稽な作り話ではなかったのです。殿の側室の兄弟が家臣に採りたてられることは珍しいことではなく、それを詠んだ川柳は山ほど残っています。そのうちから三句ほど紹介しておきましょう。

よい妹もってちゃらくら武士になり
武芸には達せぬ兄を召抱へ
妾が兄湯治(とうじ)落馬の打身也

八五郎の妹はお世継ぎを生んだのですから、たとえ「ちゃらくら(デタラメ)」であろうが、「武芸」が未熟であろうが、武士に採りたてられたのです。落語の八五郎も「馬に聞いてほしい」といったあと落馬して打ち身の養生のために「湯治」に出かけたのかもしれません。この川柳は八五郎を詠んだのでしょうか。

もう一席、落語『植木屋娘(うえきやむすめ)』も紹介しておきましょう。これは、武士が商人の婿養子になる噺です。

植木屋幸右衛門は、近くの寺に居候している伝吉を気に入り、娘・おみつの婿養子に欲する。寺の住職にその旨を伝えると、伝吉は五百石扶持の武士の跡継ぎだからと断られる。そこで、幸右衛門は「とりあえず伝吉を婿養子にもらって、男の子が生まれたら、その武家の家督を継がせる」と提案する。

この後、住職が「何ぼ何でも侍の家を取ったり継いだり出来るかいな」と難色を示すのに対し、幸右衛門が「(植木屋だから)接木(つぎき)も根分けも、うちの秘伝でおます」と返すのがサゲです。

武家の跡取り息子が商家の婿養子になり、その子に武家の家督を相続させるという提案は、「士農工商」世代には納得しにくいことですが、江戸時代には現実的な妥協案でした。

以上のように、『佐々木裁き』では職人の子・四郎吉が与力になり、『妾馬』では職人・八五郎が大名の家臣になり、『植木屋娘』では武士・伝吉が職人の婿養子になりますが、江戸時代のお客なら、これらは、ごく自然な成り行きとして落語を楽しんだのです。

最後に、悔やまれることがあります。私の高校の日本史教科書では、「士農工商」を説いた数頁あとに、武士の出身である三井高利（たかとし）（一六二二～一六九四）が呉服商・越後屋を開いたと書かれていました。その日の授業で質問すべきでした。「先生！　なぜ三井家は自らの意思で、最上位の武士から最下位の商人に移行したのですか、おかしくないですか？」と。

二、落語『らくだ』にみる「死骸敵対」

はじめに

古典落語には、様々な死体（遺体）が登場します。とはいってもそこは落語のことですから一筋縄にはいきません。

落語『胴切（どうぎ）り』のように、斬り分けられた上半身と下半身が別々の職に就いて働き始めるかと思えば、落語『首提灯（くびぢょうちん）』のように、切り落とされた自身の首を提灯のように前方に掲げることもあり、さてまた、落語『粗忽長屋（そこつながや）』では、行き倒れ遺体のもとに駆け付けた本人が、自身の遺体を抱き上げて「抱かれているのはワシやけど、ほなら抱いてるのはダレや?」とつぶやく不条理きわまりない噺もあります。

このような、まさに落語世界の遺体に比べると、本章のテキストである落語『らくだ』の主人公は、至極まともに見えてきます。なぜなら、噺の初めから終わりまで間違いなく死んでいるのですから。

1、落語『らくだ』

落語『らくだ』の主役・卯之助（あだ名が「らくだ」）は、噺の始まる前に死んでいますが、それでもこの噺の主人公なのです。粗筋は以下の通り。

「のばく」の長屋に住むらくだを、兄貴分の熊五郎が訪ねると、昨夜に食べたフグに当たって死んでいた。熊五郎は、出くわした屑屋に命じ、長屋の家主に通夜用の酒肴を準備するように伝えさせるが、家主はらくだが日頃から嫌われ者だったことを理由に断る。すると、熊五郎は屑屋にらくだの遺体を担がせて、家主宅で遺体に「カンカンノウ」を踊らせると威嚇して無理矢理に承諾させる。次に、熊五郎は屑屋を漬物屋へ向かわせ、遺体の「カンカンノウ」を脅しに、棺桶に使用する樽を提供させる。

このあと、熊五郎と屑屋は家主から届いた酒を飲んで一波乱あるのですが、その顚末は省略します。この噺は、四代目の桂文吾（一八六五～一九一五）が明治後半に完成させたとされています。しかし、遺体による威嚇がモチーフになっていることを考えると、その源流はさらに遡り、あだ名の「らくだ」や「カンカンノウ」の由来から推測すれば、その原話は少なくとも十九世紀前半に遡るとみるべきでしょう。

「のばく」は「野漠」とも書き、『天保町鑑（まちかがみ）』には「瓦土取場と云う。空堀北へ下る所より安堂寺筋坂下まで、東は谷町裏より西は松屋表町南手まで」とありますから、現在の大阪市中央区谷町六丁目あたりです。江戸時代には瓦土を掘り取る地であったため、辺り一帯は凹地になり、そこに建てられた廉価な長屋が卯之助の住まいだったのです。

明治二十四年にのばくで生まれた漫談家の花月亭九里丸（一八九一～一九六二）は、「大きな声では云い憚るが余り柄のいい土地ではなかった」と証言しています（「『のばく』を中心に」『郷土研究 上方』五十号、一九三五年）。江戸後期・明治期のお客なら、「のばくの長屋」と聞いただけで、らくだの暮らしぶりが思い浮かんだのです。

2、見世物「ラクダ」

まず、卯之助のあだ名「らくだ」について探ります。幕末の俳人・四壁庵茂蔦（しへきあんもちょう）（生没年未詳）は、ペルシャではラクダに物を背負わせて運搬するが、日本ではその用途がないので「形の大にして無能なるものを駱駝と異名す」と言っています（『わすれのこり』一八五四年刊。『続燕石十種（えんせきじっしゅ） 第二』所収、国書刊行会、一九〇八年）。なるほど、江戸時代のお客なら、あだ名が「らくだ」だと聞いただけで、卯之助は何の役にも立たない乱暴者の大男だったと想像できたのですね。

では、日本に生息していないラクダが、落語に採りこまれるほどに周知されていたのは何故なのか。それは、文政四年（一八二一）六月に長崎にラクダが持ち込まれたことによります。暁（あかつき）鐘成（かねなり）（暁晴翁、

図２　「駱駝の図」（暁晴翁著・翠栄堂画『雲錦随筆』）

一七九三〜一八六二）の随筆『雲錦随筆』（一八六二年）には、次のように記されています。

　六月下旬、阿蘭陀国より駱駝の牝牡を持ち渡る。同（文政＝筆者注）五年浪花難波新地に於いて観物とす。実に往昔より未だ渡らざる珍獣也。

このラクダ二頭は、将軍家に献上する名目で長崎に持ち込まれたのですが、結果的には見世物として、大坂の難波新地や名古屋・江戸など各地を転々としました。その挿図には、ラクダを曳く数名はオランダ人風の衣装に描かれています（図２）。

　各地で見世物興行されただけではなく、その様子を紹介する『橐駝考』『橐駝纂説』『駱駝考』『橐駝訳説』『絵本駱駝具誌』など多数の著作によって、ラクダは広く日本人に周知されていきました（「橐駝」はラクダの別称）。

右の引用文に、ラクダが渡来したのはこのときが最初のように記されていますが、正確には六世紀末から七世紀にかけて百済・高句麗や新羅から四度にわたってラクダが持ち込まれています（『日本書紀』）。江戸時代にはその記憶が失われていたのです。

3、唐人踊り「カンカンノウ」

『雲錦随筆』は、ラクダの記事に続けて、難波新地などで「カンカンノウ」という見世物が大流行したと記します。それは、ラクダが長崎に上陸する前年の文政三年（一八二〇）に始まっています。

> 文政三年辰の春、浪花堀江荒木の芝居に於いて、看々踊と号し、清朝の出扮にて、異様なる踊りを興行せり。その囃子の鳴りもの踊りの形勢いと珍しとて数流行し、前後に双びなき大当たりなり。（中略）今もなおその風色のこりて諷いはやせり

この「看々踊」は、狂歌師・西田負米の風聞書『反古篭』（大阪市史史料 第八十四輯『反古篭』二〇一七年）には「長崎蛇おどり」の名で紹介され、「弐人は唐人おどりして、九人は蛇を遣う。（中略）すべて大坂遊所は申すに及ばず、町方老若の隔てなく踊り唄うこと、近年珍しきことなり」と記されています。このように、前例のない大当たり興行となりましたが、その四十年後に『雲錦随筆』が刊行

図３　「看々踊打扮（でたち）の図」（暁晴翁著・翠栄堂画『雲錦随筆』）

されたころにも、まだ人々が歌い囃していたのです（結果的には、明治まで引き継がれるのですが）。この大坂での流行に次いで江戸でも大流行したことは、先に引用した茂蔦の『わすれのこり』にも記されています。

かん〱のう

葺屋町河岸に、興行せし唐人踊り大いに流行して、町中の子供これを真似ざる者なし。その唱歌に、

かん〱のうきうのですきうはきうです
さんしやうならゑゝいつひんたい〱や
あはんろめんこがおはうでひいかんさん
もへもんとはゑいひいしやろ〱

「カンカンノウ」は、元歌の清楽（しんがく）「九連環（きゅうれんかん）」の歌詞を意味不明のままに口伝えて流行ったようです。「駱駝の図」の次頁の挿図（図３）では、唐人風の

衣装の一行が太鼓・蛇皮線・胡弓・鉄鼓（てっこ）を奏でながら楽屋から出発する様子を描いています。

この挿図の説明文には「優者（げいしゃ）ハいずれも崎陽（ながさき）の者のよし。按ずるに清人彼津に滞留中戯れに踊躍（おどり）ぬるを見慣ひし者ならんか」とあります。彼津（＝長崎）に滞在中の清人（＝唐人）が戯れに踊っていたのを見よう見まねで見習ったものだろうというのです。

このように、「ラクダ」と「カンカンノウ」は、相前後して長崎から各地に広まったのです。案外、「ラクダ」と「カンカンノウ」が一緒に披露されたこともあったのではと勘繰りたくなります。落語『らくだ』が、らくだの遺体に「カンカンノウ」を踊らせた由来がここに見えてきます。

なお、初代桂文治（一七七三～一八一五）の作といわれている落語『口合小町（くちあいこまち）』（江戸落語では『洒落（しゃれ）小町（こまち）』）にも「カンカンノウ」の一節が唄われています。年代的に文治は「カンカンノウ」を知りませんから、後世の改変時に組み込まれたのか、文治作を見直すか、要検討です。

4、鎌倉時代の「死骸敵対」

いよいよ、遺体に踊らせて威嚇する行為について考えます。落語『らくだ』において、家主や漬物屋は、なぜ「らくだのカンカンノウ」の脅しに屈したのでしょうか。現代的な感覚で言えば、それは死体や遺体への畏怖や敬虔な感情、あるいは気味悪さから逃れたいためということになるでしょう。

しかし、このような遺体を使って威嚇する行為は、前近代の中国（明・清）の風習「図頼（とらい）」にも見られました。清の官吏心得を記した『福恵全書』に「屍を移して図頼し、金銭を嚇詐（かくさ）す」と記すように、遺体（特に家族、親族の遺体）を使って、対立相手を恐喝し金品を奪うような風習を「図頼」といいました。そして、この「図頼」は日本でも確認されているのです。

日本中世史の勝俣鎮夫先生は、この落語について「このように、死骸を使って相手を威嚇する行為は、古い時代、我が国において決して話としてだけ存在したものではない」（『中世社会の基層をさぐる』山川出版社、二〇一一年）と指摘しています。その事例として、鎌倉中期の寛元三年（一二四五）に、禅定寺（京都府宇治田原町）の寄人たちが、木幡（京都府宇治市）の住人から乱暴を受け、一人が殺害された事件を紹介しています。このとき寄人たちは、下手人の引き渡しを求めますが拒否されたため、「死人を舁き」あるいは「亡者を舁き」、下手人のもとに運ぼうとしたのです（「禅定寺寄人等・山城国木幡住人等争訟文書案」『禅定寺文書』二〇）。

勝俣先生は、このような死骸を運んでの威嚇の背景には、中世における「死骸敵対」の法意識があったといいます。それは、「父子敵対」「主従敵対」などと同様に、絶対的に服従すべき対象に敵対する犯罪的行為であり、通常の人間相手の敵対に比べれば、「死骸敵対」には呪術的な要素も加わりますから、より絶対的な服従が求められるのです。言い換えれば、死骸にも意志（遺志というべきか）があると考え、それ故に遺言は生前の意思表示にも勝る効力を持つということです。

ここで注意すべきは、死骸の意志を認める理解は、現代における脳死や心停止などによって生と死を区別する考え方とは全く次元の異なった判断であることです。当時は、一定の期間は死骸を生と死の間に位置づけるのが一般的な認識でした。古代に、遺体を長期にわたって仮安置して、その確実な死を確認してから埋葬する「殯（もがり）」は、まさにその認識から生まれた葬送儀礼なのです。

死骸の腐食、白骨化の過程は、当時の死生観の形成に重要な意味を持ち、仏教絵画として「九相図」が描かれています。「九相図」には、死体・遺体が朽ち果てていく様子が九段階にわけてリアルに描かれており、その変貌の経過を観想しながら死生観を究めたのです。この「九相図」が数多く描かれたことは、死骸の腐敗を踏まえた死生観が広まっていたことを示すものです。

ところで、寛元三年の事件では、禅定寺寄人が木幡住人にとっての父や主君という訳ではありませんが、それに通底する死骸の持つ呪術的な威嚇効果を期待したのでしょう。

それに対して、落語『らくだ』の場合は、らくだと家主の関係は、「大家といえば親も同然、店子といえば子も同然」の逆転した関係であって、家主は酒肴を用意する立場にはありません。それでも家主は酒肴を準備し、漬物屋も桶を提供しています。そこには、死骸への恐怖や敬虔な感情や気味悪さだけではなく、死骸は、生前に関わりをもった人々に対して、なんらかの行為を強制する力を持っているという「死骸敵対」にみられた社会通念が、江戸時代にも生きながらえていたことによります。

5、江戸時代の「死骸塩詰」

江戸幕府の基本法ともいうべき『公事方御定書（くじかたおさだめがき）』（一七五四年）には、「死骸敵対」を受け継いだような刑罰があります。それは、「重科人死骸塩詰之事」の項で、重科人が刑の執行までに死亡した時は、死骸を「塩詰」にするという定めです。死骸を防腐措置のために塩詰めにして保存し、刑が確定後に改めて死骸を処刑するというのです。なお、この「死骸塩詰」の対象となる「重科」とは、「主殺し」「親殺し」「関所破り」「重謀計」の四罪を指します。

このような死骸の処刑を「剖棺斬屍（ぼうかんざんし）」といいます。棺桶から死体を引きずり出して、斬刑に処すことことは、日本だけではなく、前近代にはヨーロッパからアジアに広く見られた処刑法なのです。死骸になっても相手を威嚇する生命力があるかのような「死骸敵対」と、死骸になってもまだ処刑されるべき生命力があるかのような「剖棺斬屍」には、死骸を生と死の間に位置づける思想が通底しています。

江戸時代に、この『御定書』によって「剖棺斬屍」が行われた例として、天保八年（一八三七）二月の大塩平八郎の乱を挙げておきましょう。乱の首謀者たちのうち、まもなく死亡した大塩ら十八名と、生け捕りにされた竹上万太郎の計十九名は「重謀計」に該当するとして「死骸塩詰」にされ、翌年九月に飛田（とびた）刑場（大阪市西成区）で磔に処されています。この「死骸塩詰」後の刑罰については、十九人という人数もさることながら、人気の高い大塩一党の処刑であったため、大坂人には深く記憶されることになります。

そして、この記憶を呼び覚ますために、熊五郎は屑屋を漬物屋へ向かわせ棺桶用の樽を提供させたのです。当時、樽を使用する職種と言えば漬物屋だけではなく、酒屋、醤油屋などがあり、空樽問屋へ行けば格好の空樽が手に入るはずですが、ここはやはり、大塩の塩漬遺骸を連想するために、漬物の樽でなければならなかったのです。

おわりに

らくだの遺体に「カンカンノウ」を踊らせたのは、明らかに江戸後期の流行を採り込んだ趣向であり、死骸で威嚇する行為は、史層に埋もれた「死骸敵対」の慣習の流れをくむものでした。「序」で述べた「当代性」と「歴史性」に当たります。

遺体を運ぶ行為については、落語『算段の平兵衛』にも出てきます。こちらは、殺人を隠蔽するために、殺された庄屋の遺体をアチコチに運び廻ります。現代人から見れば、遺体に踊らせる『らくだ』に比べれば、殺人の罪から逃れんがために遺体を運ぶ『算段の平兵衛』のほうがありえる設定のように思われるかもしれません。しかし、如上のように、遺体に踊らせることこそが歴史的な裏付けを持つ行為だったのです。

江戸後期・明治期の寄席なら、まだ観客の多くがラクダの見世物や、「カンカンノウ」の踊りを記憶していましたから、そのパロディとして素直に楽しんだだけではなく、頭の片隅には大塩一党の「死骸塩詰」の処刑が思い浮かんだに違いない。『らくだ』の史層にも「大塩平八郎贔屓」が横たわっていたのです。

《付記》大塩の乱と落語『錦の舞衣』

一章の『佐々木裁き』では、上方落語が「東町奉行」を登場させない背景に大坂町人の大塩平八郎贔屓があったことを論証しました。そして今、二章の『らくだ』でも、遺体を運び踊らせて威嚇する行為（死骸敵対）は、大塩一党の「剖棺斬屍」を連想させるものであったことを指摘しました。この二席に、大塩平八郎の姿が埋もれていたことは決して偶然ではなく、それほど大阪人に大塩の人気が高かったことの結果なのです。

前著『上方落語史観』でも、落語『はてなの茶碗』を検討した際に、そのオチに登場する「十万八千両」という金額が、実は煩悩の数や除夜の鐘の「一〇八」に響くだけではなく、大塩の乱に関わる数字であることを明らかにしました。大塩の乱をテーマにした芝居『大湊汐満干（おおみなとしおのみちひ）』では、小塩貞八（平八郎がモデル）の一党が山中屋善右衛門（鴻池がモデル）を襲い「金子十万八千両」を奪取するのです。寄席の観客は、落語の「十万八千両」を聴いて、大塩を思い浮かべたのです。

なお、あの孫悟空が觔斗雲（きんとうん）に乗ってひとっ飛びするのも「十万八千里」ですが、その数字の意味するところについては、中野美代子『西遊記の秘密』（岩波現代文庫、二〇〇三年）に譲ります。

さらに興味深いのは、明治二十二年（一八八九）に、近代落語の祖・三遊亭円朝（さんゆうていえんちょう）（一八三九～一九〇〇）が、ヴィクトリアン・サルドゥの戯曲『ラ・トスカ』を翻案した噺にも大塩の名が登場することです。『ラ・トスカ』の描く「マレンゴの戦い（ナポレオンとオーストリア軍の戦い）」を、「大塩の乱」に置き換えて、翻案噺『名人競（くらべ）（錦の舞衣）』を書いたのです（『ラ・トスカ』は、のちにプッチーニが有名なオペラ『トスカ』に仕立てています）。

この噺では、大坂から江戸に出た若侍・宮脇数馬（かずま）が、「手前儀は、大塩平八郎の親族の者で、杉田村の神職宮脇志摩と申す者の倅」だと自己紹介するのです（『円朝全集 第十巻』岩波書店、二〇一四年）。東京の円朝の落語に大塩の乱が出てくるのは意外ですが、実は幕末・明治期の江戸・東京でも大塩の人気は高かったのです。

天保九年（一八三八）九月に行われた大坂・飛田刑場での大塩一党の処刑は、事件から一年半も経った塩漬け遺体の磔でしたから、大塩の死を実感させるものではなく、却って大塩を贔屓する人々の間に大塩生存説が希望的に広まることになったようです。そこで幕府は、処刑の翌月、江戸・日本橋に「捨札（罪人の氏名・年齢・罪状などを記し、その処刑を告知する札）」を立てます。大坂での処刑についての「捨札」を江戸に立てるのは異例ですが、江戸における大塩生存説を払拭する狙いもあったのでしょう。

このように考えると、『名人競（錦の舞衣）』に大塩の残党として宮脇数馬が登場するのも意味深く思えてきます。数馬の父とされる志摩は、泉殿神社（大阪府吹田市。現・泉殿宮）の宮司で（円朝が「杉田村」としたのは正しくは「吹田村」です）、平八郎の叔父にあたり、事件の首謀者の一人ともみなされ、事件後に「死骸塩詰」で処刑されています。志摩の三人の息子たち（十三歳・七歳・一歳）は流刑に処されていますので、彼らへの痛惜の念が「宮脇数馬」を生み出したのかもしれません。

「大塩平八郎贔屓」が、上方落語だけではなく江戸落語の史層にも横たわっていたとは、やはり古典落語は侮れません。

コラム③　落語『ふぐ鍋』と『鉄砲勇助』

落語『らくだ』では、噺の初めに主人公の卯之助（あだ名「らくだ」）がフグに当たって死んでいました（二章参照）。きっと、長屋で素人調理をしたのでしょう。

落語『ふぐ鍋』も、自宅で旦那と客人がフグを食べるのですが、やはり素人調理らしい。ふぐ鍋の用意はできたのに、二人とも毒に当たるのは怖い。そこで御薦さんに毒見させようとして、その裏をかかれてしまう面白い噺です。「フグは食いたし命は惜しし」ですね。あの松尾芭蕉も、次のような句を残しています。

河豚汁や鯛もあるのに無分別

なにも無理して河豚汁を食べなくても、美味しい鯛を食べればいいのにということですが、その一方には「河豚にもあたれば鯛にもあたる」ということわざもあります。運が悪ければ、フグでもタイでも食中毒を起こすと言われればその通りなのですが、それでも、青酸カリの五百倍の猛毒を持つフグの怖さは特別です。

自宅で素人が調理した時代には、フグを食べるのは危険と隣り合わせでした。フグに「鉄砲」や「てつ」の別称が生まれたのも納得です。いうまでもなく「弾に（偶に）当たる」「当たれば死ぬ」の洒落です。芭蕉の詠んだ「河豚汁」は、「ふぐ鍋」のことですが、他に「鉄砲汁」「鉄砲鍋」や「てっちり」などの別称もあります。「てっちり」は「てつ」の「ちり鍋」を省略したもので、大阪ではこれが一般的な名称になっています。

江戸時代には、最下級の遊女を「鉄砲女郎」といいましたが、これも「たまに悪い病気がうつる（当たる）」「うつされて死ぬ」の洒落でした。喜多川歌麿が女郎を描いた錦絵も「てっぽう」と題されています。

余談ですが、かつては干瓢の細巻を「鉄砲巻」と呼んでいました。こちらは食あたりを懸念しての命名ではなく、見た目が銃身に似ていることによります。現在では「かんぴょう巻」の名が一般的です。それは食あたりのイメージを避けたためかと邪推したこともありましたが、正しくはマグロの細巻「鉄火巻」との類似を避けるためだったようです。

では、その「鉄火巻」の由来はというと、鉄火場（博奕場）で、賭け事に夢中になりながらも、片手で簡単に食べるのに好まれたからという俗説が広まっていますが、これはないですね。賭け事の場を「鉄火場」と言った時代に、生のマグロを恒常的に提供できたわけもなく、もしそのような理由なら「かんぴょう巻」でも「かっぱ巻」でも良かったことになります。この俗説は、トランプ好きのサンドイッチ伯爵が、ゲーム中に肉をパンに挟んで食べたという、あの「サンドイッチ」命名伝説を借用したのでしょう。

「鉄火巻」の名は、中世から近世初頭に広まっていた「鉄火起請」に由来します。鉄火起請とは、鉄火裁判とも言い、対立する双方の代表者が、熱された鉄棒を握って（あるいは鉄片を掌に置いて）、その火傷の程度で正邪を決した裁決法を言います（拙稿「宇川共有文書の魅力」『宇川共有文書調査報告書 上巻』水口町立歴史民俗資料館、一九九七年）。鉄火巻の芯となるマグロの赤身が、赤銅色に熱せられた鉄を連想させたのです。

話が逸れました、落語に戻ります。江戸時代の「鉄砲」には、フグの異称以外に、もう一つ別の意味合いが込められていました。それは「嘘」や「デタラメ」の意です。

江戸小咄集の『珍話 楽牽頭（がくたいこ）』（一七七二年）収録の小噺二話を紹介しましょう。「旅人」という話では、旅人二人が山頂で狼の親子に出会います。怖れた二人は「（熊を投げ飛ばした）酒田金時の子孫だ」「（暴れる大猪を仕留めた）仁田（にった）四郎忠常（ただつね）の子孫だ」と虚勢を張りますが、それを聞いた子狼が父狼に「あれもてつぽうだの」と言うのです。

もう一話はその題も「鉄砲」です。ある男が「耳のそばで〈ポン〉と聞こえて驚いた」と告げると、もう一人の男が「それは鉄砲だろう」と疑いましたので、「いや、これは〈ホン〉だ」と反論するのです。「鉄砲＝ウソ」だと言われて、「ホン＝本当」だと応えたのです。

鉄砲は「種子島」とも呼ばれましたが、その名を冠した落語本もあります。三遊亭可楽の『新作種がしま 全』（一八一一年頃）の口絵には、次の狂歌を載せています。

鉄炮と　聞くも噺の　種子島
また新作を　狙い当てたり

書名の「種子島」に、「鉄砲（＝嘘）」と「噺の種」が掛けられていたのです。このように、かつては「鉄砲」といえば「嘘」のことでした。

落語『鉄砲勇助』の前半では、ほら吹きの「千三」が、「大きな石を（出来立ての餅のように）ちぎって投げた」という類の嘘を吐きまくり、後半では、嘘つき名人の「鉄砲勇助」と嘘つきの対決をします。「千三」は千に三つも本当のことがない意味で、「万八」と同類の嘘つきの代名詞ですが、「鉄砲勇助」はそのまま「嘘つきの勇助」を意味しました。ところが近年は、この落語の前半だけを独立させて口演されることが多いので、演題に「嘘」が込められていることに気付かない観客も多くなったようです。

コラム④　のりやのばあさん

古典落語を聞きながら、「江戸時代のお客たちは、今のセリフをどのように受け止めたのだろう?」と考えることがよくあります。職業病のようなものです。

江戸後期のお客なら、落語『らくだ』を聴きながら、「らくだ」というあだ名が出たとたん「何の役にも立たない乱暴者の大男」を思い浮かべ、「のばくく」に居住と聞けば「貧しくガラの悪い長屋住まい」を連想したことは、二章で指摘した通りです。落語家がくどくどと説明する必要はなかったのです。

その意味では、数々の落語にその名が語られる「のりやのばあさん」も、説明不要の存在だったようです。基本的に、セリフもないチョイ役が多いので、現在では、全く記憶に残らない存在となっています。しかし、江戸時代のお客は「のりやのばあさん」と聞けば、各人なりのイメージを膨らませたようです。

「のりや」は「海苔屋」ではなく、洗濯後の衣服に用いる糊を売る「糊屋」です。江戸時代には需要の多い日常品として、町内ごとに営まれていましたから、落語の庶民生活に顔を出すことはごく自然なことでした。

喜田川守貞『守貞謾稿(もりさだまんこう)』(一八五三年)は、「糊売」の項に「三都(江戸・京・大坂＝筆者注)ともに男子あり、或いは老姥あり」と説明しますが、落語ではなぜか「男子」の糊屋はおらず、長屋住まいの「糊屋の婆さん」として登場します。そのうちの、数例を紹介しましょう。

落語『軒付け(のきづけ)』は、糊屋の婆さんが重要な役で登場する例外的な落語です。町内の若いモンが浄瑠璃を稽古するために、耳の遠い糊屋の婆さんに部屋を借ります。婆さんが味噌で茶漬けを食べていると隣の部屋で若者たちが稽古をしており、婆さんは上手い浄瑠璃だと褒めます。耳が遠いのに上手い下手が解るのかと問われた婆さんは、「最前から食べてる味噌の味が、ちょっとも変わらん」と返すのです。言うまでもありませんが、歌の調子が外れていることを「味噌が腐る」と言うのに引っ掛けている。この噺では、糊屋の婆さんがオチに関わる重要な役を担っていますが、これは珍しいことで、多くの噺では本当にチョイ役で、一瞬その名が語られるだけです。

落語『尼恋(あまごい)』では、「六十八になる独身の婆さん」ですが、落語『粗忽長屋(そこつながや)』では「二年前に六十二歳で死んだ糊屋の婆さん」、落語『よもぎ餅(黄金餅)』も「糊屋の婆さん、死んでなぁ」と言うように、すでに故人です。落語『後家馬子(ごけまご)』には、「あの糊屋の婆さん、小金貯めてるそぉやないか。その金を人に貸してるちゅう話やないかいな」と高利貸しをほのめかされます。落語『不動坊(ふどうぼう)』では、独身の七十二歳の婆さんですが、「もの言わず(無口)」とされています。

このように、基本的に「長屋に住む独身の高齢の糊屋の婆さん」としてその名が語られますが、それ以上の存在ではありません。それでも、いくつもの落語に登場するのは、落語の中で性格付けを行わなくても、江戸後期・明治期の観客なら「糊屋の婆さん」と聞くだけで各々が勝手にイメージを膨らませてくれるとの読みがあったからなのです。

飯島友治『落語聴上手』(筑摩書房、一九九一年)には、次のように説明されています。

> 長屋の住人のなかでも、そのしたたかさにかけては、三役級。よい言葉でいえば世話好き、裏返せばおせっかいやき、実は好奇心の塊、金箔付のおしゃべり、とびっきりの金棒引きです。

「おせっかい」「好奇心の塊」「おしゃべり」で、「金棒引き(些細な噂を大袈裟に広めまくる人)」ですから、あまり良いイメージではないですね。『不動坊』が糊屋の婆さんを「もの言わず」とするのは意外なキャラです。

加えて、京・大坂では「のりや」と聞けば「のりやの看板」に伴う洒落言葉が思い浮かびました。その看板は、平仮名で丸く大きく「の」を書き、小さな「り」を添えるのが定型です（図4）。落語『植木屋娘（うえきやむすめ）』には、「畳に〈の〉の字書いとおる、糊屋の看板にしょう」というセリフがあります。

この定型の「糊屋の看板」から、糊屋は「りが細い〈利益が薄い〉」、あるいは「のぶとい〈ずぶとい、大胆〉」を意味することにもなります。「糊屋の婆さん」には、右のような様々なイメージが内包されていましたので、落語には欠かせない端役だったのです。

図4　糊屋の看板
（『大阪ことば事典』）

三、落語『鼓ヶ滝』と『餅屋問答』に学ぶ

はじめに

数年前の「天声人語」に、なぜか印象に残った一節がありました（朝日新聞二〇一八年一月六日付）。

言葉の真価は、誰が言ったかではなく、誰が聴いたかで定まる。

言葉の真価が発揮されるか否かは、言葉の正否や、話し手の熱意の有無などではなく、聞き手の受けとめようとする心のありようが決めるというのです。そういえば、教育者で宗教者でもあった東井義雄（一九一二〜一九九一）の詩にも、これに通じるフレーズがあります（東井義雄『こころにスイッチを』白もくれんの会、二〇〇〇年）。

人間の目はふしぎな目　見ようという心がなかったら　見ていても見えない

　人間の耳はふしぎな耳　聞こうという心がなかったら　聞いていても聞こえない

これは、東井が小学校教諭として児童たちに伝えたかったことであると同時に、真宗僧侶としてのお説教なのかもしれません。阿弥陀仏の発する無碍光（むげこう）（知恵や救済の光）でさえも、門徒たちがそれを受けとめようとする心を備えていなければ届かないのですよと。

唐突なようですが、この教えは落語を楽しむときにも大切にしたいと思っています。本章では、上方落語の『鼓ヶ滝』と『餅屋問答』の二席をテキストとして、そこから「学び」の極意を学びたいと思います。

1、落語『鼓ヶ滝』

落語『鼓ヶ滝（つつみがたき）』（『西行鼓ヶ滝』ともいう）は、平安末・鎌倉初期の歌人として有名な西行法師（一一一八～一一九〇）が主人公です。まずは、その粗筋を簡単に。

摂津の鼓ヶ滝を訪れた西行は、その風景を次のように詠む。

　伝え聞く 鼓ヶ滝に 来て見れば 沢辺に咲きし たんぽぽの花

その夜、泊めてもらった家でこの歌を披露すると、家の爺が〈伝え聞く〉より〈音に聞く〉のほうがいい、婆も〈来てみれば〉より〈打ち見れば〉のほうがいい、その孫娘までもが〈沢辺〉より〈川辺〉のほうがいいと指摘する。結果、西行はこの推敲を受けて次のように改める。

　音に聞く 鼓ヶ滝を 打ち見れば 川辺に咲きし たんぽぽの花

爺・婆・孫娘のアドバイスは、全て鼓ヶ滝の「鼓」に導くものでした。爺の「音に聞く」は「鼓の音」に、婆の「打ち見れば」は「鼓を打つ」に響かせます。孫娘の「川辺」は「鼓の皮」の縁語であるとともに、そのあたりの地名「川辺」の掛詞にもなっています。和歌にうとい私ですが、三人の推敲にはなるほどと感心してしまいます。

川辺郡の鼓ヶ滝は、『摂津名所図会』（一七九六～一七九八年）に「多田 鼓ヶ滝」の名で紹介されており、いまは枯れてしまいましたが、「川西市鼓が滝」の地名に名残りを留めています。その瀑布の響きが、鼓のように聞こえたことによる滝名なので、同種の名称は「多田」だけではなく、「肥後耶馬渓(ひごやまけい)」および「摂津有馬(せっつありま)」にも伝えられます。

爺・婆・孫娘が田舎の無名の人々であるにも関わらず、西行がその推敲に耳を傾けたことに注目したいと思います。西行には「聞こうという心」が備わっていたということです。

ところが、落語『鼓ヶ滝』は、右の粗筋で終わるのではなく、西行が三人の推敲を受け入れた後に、これは西行の夢語りであって、爺・婆・孫娘は、実は和歌三神（住吉明神・人丸明神・玉津島明神）の化身だったと明かされるのです。私は、このオチは余計なお節介にしか思えません。

なぜお節介なのかを説明する前に、別のお節介に寄り道させてください。それは、最近の落語家の中には、孫娘が「沢辺」を「川辺」に推敲する際、「たんぽぽの花」も「白百合の花」に変えるようにアレンジすることがあるからです。結果、その全てを受け入れた西行は、次のように詠み直すことになります。

音に聞く 鼓ヶ滝を 打ち見れば 川辺に咲くや 白百合の花

これでは、西行が当初に詠んだ語句のうち、第二句の「鼓ヶ滝を」以外は全滅です。滝の近くに咲くのは、黄色いたんぽぽの花よりも、滝しぶきに呼応する真っ白い百合の花のほうが似つかわしいとの判断なのでしょう。たしかにビジュアル的には、そのほうが絵になるのかもしれません。しかし、これはとんでもないお節介なのです。

2、柳田國男「蒲公英」

柳田國男の「蒲公英(たんぽぽ)」(『野草雑記・野鳥雑記』)には、たんぽぽの旧名が「鼓草(つづみぐさ)」であったことを紹介した後に、次のような指摘をしています。

中世盛んに流行した歌問答の昔話にも、西行とか宗祇とかいう旅の歌人が、摂津の鼓の滝に来て一首の歌を詠んだ話がある。

津の国の 鼓の滝を 来て見れば 川べに咲けり たんぽぽの花

そうすると傍に草刈りの童子がいて、第三の句を「うち見れば」と改めてくれた。宗匠自慢の鼻はたちまち折れ、その童子の何とか明神の化現なることを知ったという類の物語、これを詳しく説明することは退屈だが、とにかくこの話の出来た頃までは、人がタンポポの本は鼓の名であることを知っていた。後年この楽器の流行がすたれて、小児は名の起りをもう忘れてしまったのである。

「西行とか宗祇とか」というような曖昧な表現は、時代を重視する歴史学の立場からは落ち着かない物言いですが、柳田のような生活を重んじる民俗学としてはありなのでしょう。柳田の引く昔話では「爺・婆・孫娘」ではなく、「草刈りの童子」が「来て見ればば」を「うち見れば」に直します。落語『鼓ヶ滝』の原話のような噺です。それはともかく、「この話の出来た頃までは、人がタンポポの本は鼓の名であることを知っていた」という指摘は注目されます。

江戸時代の子どもたちは、「鼓草」の茎に切り目を入れて水につけて鼓状に加工し（写真1）、それを「タン・ポン、

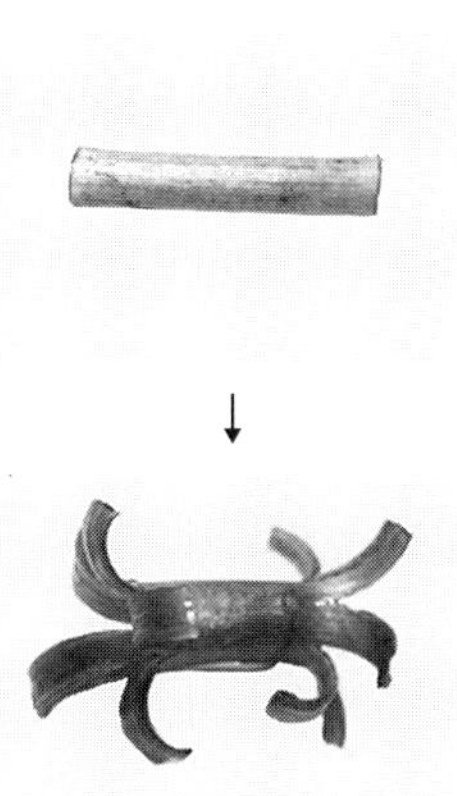

写真1　たんぽぽの鼓

タン・ポン」と囃子ながら遊んだといいますが、その結果、「鼓草」はいつしか「たんぽぽ」と呼ばれるようになったのです。大阪弁では「たんぽこ」と言ったようですから（牧村史陽編『大阪ことば事典』講談社学術文庫、一九八四年）、「タン・ポコ、タン・ポコ」と遊んだのでしょうか。

この語源説には異説もあるのですが、少なくとも落語『鼓ヶ滝』は、この説を踏まえています。なぜなら、西行はこの説に則って、結句を「たんぽぽの花」と詠んで「鼓ヶ滝」に響かせたのですから。これは、西行が仕掛けた唯一の縁語でした。それなのに「白百合の花」に変えてしまったのでは、西行法師に申し訳が立ちません。

平成九年（一九九七）に能勢電鉄妙見線「鼓滝」駅前（川西市鼓が滝）に西行の歌碑が建てられましたが、その碑文も「白百合の花」になっています（写真2）。碑表に「音にきく 鼓が瀧を うちみれバ 川辺ニさくや しら百合の花」と刻し、碑裏には「十二世紀の歌人・西行が川辺郡と呼ばれたこの地を訪れ、鼓が滝の美しい風景を詠んだが、夢枕に土地の古老が現れ、その教えを受けて、この歌をのこしたと伝えられる」と説明しています。

同地の伝承も、当初は「たんぽぽの花」と詠まれていたはずなのですが、いつしか

写真２　西行の歌碑

「鼓草＝タンポポ」が忘れられ、「白百合の花」に改変されたのでしょう。近年の落語も、この民話改変の影響なのかもしれません。

なお、同碑が「土地の古老」とだけ記し、「実は和歌三神だった」と言わないのはいいですね。

3、たんぽぽのぽぽ

もう少しだけ、寄り道ついでの道草にお付き合いください。

先に江戸時代の子どもたちが「タン・ポン、タン・ポン」と囃しながら遊んだといいましたが、雅楽などでは「タン」は甲音（かんおん）、「ポン」は乙音（おつおん）の擬音です。それなら、「タンポポ」ではなく「タンポン」となるべきだと思うのですが、ここは「ポポ」だからこそ、俳人たちの創作モチベーションを高めているようです。

江戸初期の俳諧集『続山井（やまのい）』（一六六七年）には、次の句が載っています。

たんぽぽのぽぽと萌え出る焼野かな

野焼きされた地のあちこちから、たんぽぽの芽が萌え出る様子を、「ぽぽ」と表現するのは面白くもあり、納得もします。この擬態を受けるように、昭和の俳人・加藤楸邨（しゅうそん）（一九〇五～一九九三）も「たんぽぽのぽぽ」を詠んでいます（『怒濤』、一九八六年）。

たんぽぽのぽぽと絮毛(わたげ)のたちにけり

楸邨にとっては、絮毛が「ぽっ・ぽっ・ぽっ」と飛び立っていくイメージなんでしょうか。芽の萌え出る様子も、絮毛の飛び立つ様子も、俳句の面白さを教えてくれますが、独特の作風で知られる俳人・坪内稔典(ねんてん)先生には、全く違った「ぽぽ」の句があります（『ぽぽのあたり』沖積舎、一九九八年）。

たんぽぽのぽぽのあたりが火事ですよ

このように詠まれると、「ぽぽのあたり」ってどこなんだ？「火事ですよ」って誰に叫んでいるのかと気になってしかたないのですが、ネンテン先生は知らんふりして、次のように詠んでいます。

たんぽぽのぽぽのその後は知りません

なんとも人を食った句ですが、とぼけた世界がいいですね。それにしても「ぽぽのあたり」ってどこなんだ、と気にしていたら、哲学者の鷲田清一先生が、『折々のことば』（朝日新聞、二〇一九年十二月六日）でこの句を採り上げていました。

> 「ぽぽのあたり」ってどのあたり？　後頭部とかお尻のあたり？　自分の体なのに自分では見えないところで何かよろしくないことが起こっている？　いずれにしても、こんなふうに微笑みながら心配してくれる人がいるのはうれしい。（中略）ちなみに「ポポ」はドイツの俗語ではお尻のこと。

なんと、ポポはお尻のことですって？　ははぁ、さすがワッシー先生、妙に感動してしまいます。

4、能『鼓滝』

さて、話を戻します。

先の柳田の採話で気になるのは、「草刈りの童子」が、本当は「何とかの明神」だったと明かされていることです。落語『鼓ヶ滝』にも通じる「実は神だった」のパターンは、はやく十五世紀にみられる能『鼓滝』の影響なのです。その舞台は、摂津有馬の「鼓の滝」です。

> 帝の臣下一行が帰洛の途次に、山賤の翁に出会い、鼓の滝へ案内される。翁は「津の国の　鼓の滝を　うちみれば　ただ山川の　なるにぞありける」と詠む。その夜、翁は「滝祭の神」となって現われ舞楽を奏す。

能には、現実の世界を舞台とする「現在能」と、ワキ（脇役）が見た夢・幻の世界を描く「夢幻能」があります。「夢幻能」では、ワキがある地を訪れると、そこにシテ（主役）が現れて過去を回想するのですが、実は、このシテは神や霊だったというのが定番です。右の「山賤（山の民）の翁」も、実は「滝祭の神」だったのであり、落語が「爺・婆・孫娘」を「和歌三神」だったとするのも、その延長線上に位置します。しかし、落語が「実は神だった」パターンを忠実に受け継ぐ必要があったのでしょうか。

西行が「爺・婆・孫娘」の添削を受けいれたのは、三人が「和歌三神」だったからではありません。西行は、名もない三人の教えを「聞こうという心」で聞いたのです。「和歌三神」の教えだから従おうと思ったのなら、西行はイヤな奴です。その意味で「実は和歌三神でした」のくだりは余計なお節介だというのです。落語は夢幻能ではないのですから。

それとも、無名の田舎者に推敲されたのでは、歌聖・西行の名折れだとでもいうのでしょうか。このことについては、次節で『餅屋問答』を紹介した後に再考したいと思います。

なお、詞章の「津の国の…」の元歌は、肥後耶馬渓の鼓ヶ滝（熊本市）を詠んだ「音に聞く 鼓の滝を打ち見れば ただ山河の 鳴るにぞ有りける」（『拾遺和歌集』）だといいます。すると、落語『鼓ヶ滝』の川辺郡の「鼓ヶ滝」の水源は、能『鼓滝』の有馬の「鼓の滝」を経由して、平安時代の肥後の「鼓の滝」にまで遡ることになります。

5、落語『餅屋問答』

次に、落語『餅屋問答』をみます。幕末の二代目林家正蔵（生没年未詳）が新作した『蒟蒻（こんにゃく）問答』は、上方落語では『餅屋問答』になります。元は曹洞宗の僧だったという正蔵らしく、禅問答の落語です。上州（上野国）安中（群馬県安中市）の蒟蒻屋・六兵衛と、諸国行脚の修行僧がジェスチャーで問答します。

丸い蒟蒻がモチーフになっており、蒟蒻は江戸時代から上州の名産でした（現在でも、都道府県別の蒟蒻芋生産量は群馬県のシェアが九十%以上です）。上方落語が『餅屋問答』の名に変えるのは、当時の上方ではまだ丸い蒟蒻への馴染みが薄かったため（現在でもそうですが）、「丸い蒟蒻」を「丸い餅」に置き換え、主人公も蒟蒻屋ではなく餅屋としたのです。『餅屋問答』の梗概を示しておきます。

> 餅屋に居候していた男が、餅屋の勧めで禅寺の偽住職に収まり、気楽に暮らしている。そこに修行僧が訪れ、禅問答を乞う。困った男が餅屋に泣きつくと、餅屋は住職に成り済まして修行僧に会う。修行僧は住職に問答を挑むが、住職は聞えないふり。修行僧は、住職が「無言の行」をしていると推察して、無言の問答に切り替える（以下、ジェスチャー問答）。
>
> ①修行僧が両手で小さな輪を作ると、住職は両腕で大きな輪を作る。
>
> ②修行僧が両手の指十本を突き出すと、住職は片手の指五本を突き出す。

③修行僧が指三本を突き出すと、住職は自身の目の下を指差す。

ここで、修行僧は自らの未熟を悟り、退散しようとします。寺男がその訳を訊ねると、修行僧が言うには、①拙僧が、小さな輪で「師の心中は？」と問うたら、住職は、大きな輪で「大海の如し」と答えられた。②そこで拙僧が、指十本で「十方世界は？」と問うたら、住職は、指五本で「五戒にて保つ」と答えられた。③さらに拙僧が、指三本で「三尊の弥陀は？」と問うたところ、住職は目の下を指さして「目の下にあり」と答えられた。これはもう、愚僧ごときが、これほどの名僧に問答を挑んだことが恥ずかしい、と退散したのです。

そこで、今度は偽住職にジェスチャー問答の顚末を尋ねると、「あの修行僧は、ワシが餅屋やと見抜いてやがった」と怒りながら、①修行僧が、小さな輪で「お前の店の鏡餅はこれくらい小さいやろ？」とぬかしやがったから、ワシは大きな輪で「これぐらい大きいわい！」てゆうたった。②すると修行僧が、指十本出して「十個で何ぼや？」って聞きよるから、ワシは指五本で「五百や！」って答えたら、③修行僧は、指三本出して「三百に負けてくれへんか？」ってほざきやがったから、ワシは「あっかんべーっ！」してやったんや、と説明したのです。

実に、よく出来た名作です。修行僧と偽住職のかけ離れた理解には吹き出してしまいますが、それに加えて、落語家のジェスチャー問答の演じ方は見ものです。話すことが専門の落語家がジェスチャーで笑いをとるのですから、これはもう、寄席へ出かけねばなりません。

おわりに

私は、『餅屋問答』を聴くたびに、噺の最後に「実は、この餅屋＝偽住職は釈迦牟尼仏の化身でした」的なオチのないことを喜んでいます。餅屋が餅屋のままで終わるのが嬉しいのです。修行僧は、偽住職の頓珍漢なジェスチャーから、自らの未熟さを学んで、諸国行脚を続けます。修行僧には「聞こうという心」が備わっていたのです。

もちろん、『鼓ヶ滝』の西行にも「聞こうという心」は備わっていたのですが（だから、夢から覚める前に推敲を受け入れた）、実は「和歌三神」でしたという余計なサゲのお蔭で、西行は和歌三神の教えだから従ったかのような印象を与えてしまいます。残念なことです。

何かを学ぶために落語を聴くわけではありませんが、「聞こうとする心」で楽しめば、学びの極意を取得することさえできる、そんな気がします。

コラム⑤　時代劇と落語の「御用提灯」

落語『大丸屋騒動』は、江戸中期の京都で実際に起こった殺傷事件をヒントにした噺です。癇症の男が逆上して、三人を切り殺し、二十一人と馬三匹を傷付けた大事件です。

現行落語では、その終りのほうに、下手人の惣三郎を捕えるために捕手が駆け付けるシーンとして、「所司代へ知らした者があったとみえまして、御用提灯・突棒・刺股を手に手に、押し出して（下略）」と語られます。京都町奉行所からではなく、京都所司代から捕手が駆け付けたことに不自然さを感じますが、それはさておき、いまは御用提灯について考えたいと思います。右の「突棒」は棒の先端がT字型、「刺股」はU字型の捕物道具で、これに袖搦を加えて、捕物三道具といいます。御用提灯を先頭に、手に手に三道具を持った捕方が押し寄せるシーンは、時代劇の定番です。

しかし、五代目笑福亭松鶴（一八八四～一九五〇）の『大丸屋騒動』では、右のシーンは語られません。おそらく、戦後の時代劇映画の影響を受けて、付け加えられたものと思われます。

その一方、五代目松鶴の落語『佐々木裁き』（**一章参照**）に、大坂町奉行の御用提灯についての説明があります。与力が奉行所から帰宅するときの場面です。捕物シーンではないことが、却ってリアルに感じます。

> 役所の都合で遅くなりますと、仲間に提燈を持たせて、お退出ですが、この時の提燈には「御用」という字が這入っておりません。捕物の他は「御用」提燈は使わなんだものやそうです。

町奉行所の提灯には、「御用」の文字が書かれていない日常の提灯と、捕物の際に使用する「御用提灯」とがあったというのです。では、捕物用の「御用」の文字は、提灯のどの位置に、どのような文字で書かれていたのでしょうか。多くの皆さんは、正面に「御用」と太く墨書した弓張提灯を思い浮かべられるかと思います。しかし、考えてみれば、それはおかしなことです。前方を照らすための提灯なのに、わざわざその正面を太い墨字で塗り潰したのでは、前方に光が差さない。

現在、明治大学博物館（東京都千代田区）や飯島町歴史民俗資料館・飯島陣屋（長野県）などに、正しい文字位置を復元した「御用提灯」が展示されています（図5）。「御用」の文字は提灯の側面に太文字で墨書され、両脇から光が漏れないようになっています。

それなら、前方を照らすのに不向きな「御用提灯」が、どうして常識のように広まったのか。どうやら「時代劇の父」と称される映画監督・伊藤大輔（一八九八〜一九八一）の創作になるようです。伊藤監督の『忠次旅日記』（一九二七年製作）に、大勢の捕手が国定忠治を追い詰める場面があり、

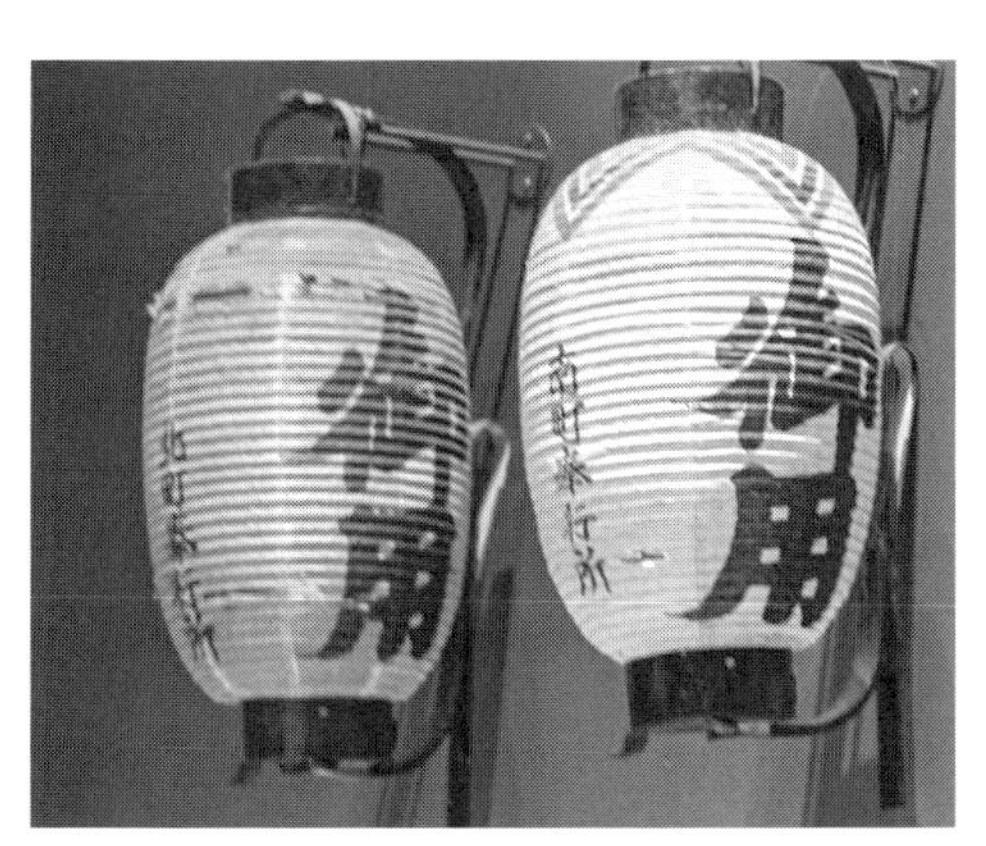

図5　御用提灯

暗闇に数多くの御用提灯が揺れ動きます。伊藤監督はこの御用提灯を正面から撮っているのですが、このとき大量の提灯の前面に「御用」の文字が浮かぶほうが絵になる、効果的だと判断したのでしょう。

　時代考証的には、このような提灯は間違っています。しかし、そのほうが効果的なら、それを使う。時代劇とはそういうものです。お歯黒を付けた女性がアップになれば現代の観客は戸惑うから、ホワイトニング歯磨きで磨いた真っ白の歯で登場するのと同じです。

　時代劇は、現代人が理解しやすいように、受け入れやすいように制作されています。当然ながら現代から過去への視座で制作されますから、結果として、現代人が理解しやすい作品に仕上がります。

　しかし、江戸後期から明治期に作られた古典落語は、二十一世紀の私たちが楽しむことは想定していませんから（当然ですが）、当該期のリアルな社会風俗を踏まえて語られます。後世の私たちが理解できるか否かなどは視野に入っていません。

　こうして、映画やテレビの時代劇は、当初から現代人に理解しやすく制作され、現代人に理解しにくい、できない古典落語も、少しずつ理解しやすく改変されていくのです。同じ穴の狢（むじな）のようにも見えますが、決定的に異なるところがあります。

　それは、古典落語には、江戸後期・明治期のリアルな社会風俗が横たわっているのに対して、時代劇の場合は、現代の知識や常識で過去の社会風俗を恣意的にアレンジして描いているということです。同じ江戸後期の社会をテーマにした時代劇と落語を見比べると、なかなか面白いことが見えてくるものです。

コラム⑥ 新作落語『まめだ』と高度経済成長

一九六六年に古典の風格を持った新作落語の名作が生まれました。劇作家の三田純市（一九二三～一九九四）によって、道頓堀界隈の伝説をヒントに作られた『まめだ』です。「まめだ」とは、大阪の方言で「豆狸」のことをいいます。戦後まもなくの大阪に育った私は、祖母が「まめだ」の歌を口遊んでくれたことを覚えています。

雨のしょぼしょぼ降る晩に、まめだが徳利持って酒買いに。酒屋のぼんさん泣いていた。なぁんで泣くかと聞いたらば、まめだのお金が木の葉ゆえ。

落語『まめだ』にも、このわらべ歌がベースに横たわっています。主人公は、三津寺（大阪市中央区）門前の膏薬店の息子で、歌舞伎役者・市川右団次の弟子とされる右三郎です。

ある雨の夜、右三郎は傘にズシンと重みを感じる。まめだがイタズラ心に飛び乗ったのか、右三郎はトンボを切って追い払う。その翌日から、見知らぬ小僧（実は、まめだ）が右三郎の実家へ貝殻入りの膏薬を買いに来る。毎夜、精算すると膏薬一個分の代金一銭が足りず、代わりに銀杏の葉一枚が紛れ込んでいる。まもなく、三津寺境内で膏薬の貝殻を身体中に貼り付けたまめだの死骸が見つかった。全てを悟った右三郎が住職に読経を依頼すると、銀杏の葉が舞い散り、まめだの死骸を覆う。右三郎がつぶやく、「狸の仲間から、ぎょうさんの香典が届いたがな」

「トンボを切る」とは、歌舞伎の用語で、役者が斬られたり、投げ飛ばされたりするときに行う宙返りのことです。主役を引き立てるための立ち回りの型ですから、それを身に付けていた右三郎は、下回りの役者だったことが判ります。

貝殻入りの膏薬については、もうリアルタイムで知っている人も少なくなりましたが、むかしは、塗り薬や口紅の容器として二枚貝が利用されていたのです。

右三郎の「トンボ」で打撲を受けたまめだは、銀杏の葉で膏薬を買いに通いますが、それを患部に塗り込むことを知らなかった。貝殻のまま身体に貼り付けたのですから効能はなく、哀れを誘います。明治期の三津寺に、銀杏が舞う秋の風情が浮かぶ名作です。ぜひ、寄席でお聴きください。

三津寺と言えば、すぐ西隣を御堂筋が走り、現在は本堂を取り込んだ高層ビルを建築中です。それでも明治期には狸が出たのです。いや、明治期に止まらず、戦後も狸は都心に住まいしています。東京のデータですが、二〇〇八年発行の『タヌキたちのびっくり東京生活 都市と野生動物の新しい共存』（技術評論社）によれば、東京二十三区に「一〇〇〇頭以上もいる」と推測されています。もちろん減少し続けてはいますが。

大阪都心の狸伝説と言えば、「芝右衛門狸」（柴右衛門とも）が有名です。

江戸前期のこと、淡路島の芝右衛門という狸が、評判の初代片岡仁左衛門（一六五六〜一七一五）を観るために人間に化け、毎日、中之芝居（のちの中座）に通うが、正体がばれて殺されてしまう。それ以来、客足が落ちたため、中之芝居に祠を設けて芝右衛門狸を祀ると再び賑わった。

そして、都心における狸の目撃情報は十〜十一月に多く報告されています。秋になると、子狸たちが親離れのため新天地に旅立つからなのです。落語のまめだも、秋の親離れの途中に、ふとテンゴ（イタズラ）して命を落としたのでしょうか。

このようなことを考えていると、古典落語の狐狸ネタと、『まめだ』は何かが違っているように思えます。古典落語には人間を化かす狐狸が登場する作品は数多くあります。狐なら『吉野狐』『稲荷俥』『高倉狐』『七度狐』『天神山』『狐芝居』『産湯狐』、狸なら『狸賽』『狸の化寺』『権兵衛狸』『化物つかい』という具合に挙げだせばキリがないのですが、これらの作品と、『まめだ』は、何かが違うのです。

「それは古典と新作の違いだろう」と言われそうですが、それだけではなく、敢えて言えば『まめだ』には独特の哀愁が漂っているといえばいいでしょうか。そして、それは三田純市の個性によるだけではなく、制作された時代を反映しているようなのです。

哲学者の内山節さんには、『日本人はなぜキツネにだまされなくなったのか』（講談社現代新書、二〇〇七年）という快著があります。内山さんによれば、一九六五年を境に、全国ほぼ一斉にキツネに騙されたという話が発生しなくなるそうです。詳しくは同書をお読みいただくとして、その翌年に落語『まめだ』が生まれていることは象徴的です。

そして、映画監督の宮崎駿さんは「昭和三八年（一九六三年＝筆者注）に、東京都内からカワセミが消えたんです。ときを同じくして、学校全体に通用する先生の『あだ名』がなくなったと言われている。仲間内で、『あの先生はゴリラだ』って呼ぶことはあっても、卒業生も含めてみんなが知っている共通のあだ名が消えたんです。それがだいたい昭和三八年。」と話しています（養老孟司・宮崎駿『虫眼とアニ眼』新潮文庫、二〇〇八年）。昭和三十八年は『まめだ』制作の三年前です。

一九六〇年代から七〇年代初頭にかけて、日本人が高度経済成長を謳歌している間に、何かを侵してしまい、大切なものを失ってしまい、狐狸に化かされなくなってしまったようです。三田純市は、内山さんや宮崎さんの言説を知るよしもありませんが、そのような時代に制作された落語『まめだ』

は、都心から消えつつある狸へのレクイエム作品だったようにも思えます。

昭和の新作落語にして、このように〈旬の情報〉の当代性を映し込んでいるとしたら、本書がテキストとしている古典落語については推して知るべしでしょう。

四、「無筆」の落語にみる笑い

はじめに

古典落語には、数多くの「無筆」が登場します。無筆とは、読み書きが全くできない、あるいは不得手なことをいい、ときには無筆の者を指します。本章では、無筆が登場する落語を素材として、そこに仕込まれた笑いについて考えます。

一般に、落語が生み出す笑いは、登場人物のキャラクターに負うところが大きいものです。ドジでオッチョコチョイの喜六がその代表でしょう。しっかり者の清八とコンビを組み、ボケの喜六、ツッコミの清八という役割なのですから、もともと笑われるために登場するようなものです。

また、武士や僧侶や医者たちも、喜六とは別の意味で、よく笑いの対象にされます。武士は支配階級に属し、僧侶や医師は社会的な権威の対象であることによります。権力を揶揄し、世相や権威を風刺するのは、大衆芸能としての落語の役割でもあったのです。

では、無筆が登場する落語は、無筆の何をどのように笑うのでしょうか。このように問えば、それは「読み書きができないこと」を嘲笑（あざわら）うに決まっていると、即答されるかも知れません。しかし、支配階級をあざけり、権威をからかう落語が、その一方で、無筆という社会的弱者を笑いの対象にするでしょうか。落語は、そのようなダブルスタンダードな芸なのでしょうか。私には、落語の批判精神や風刺の矛先が、「読み書きができないこと」にも向けられるとは思えないのです。

以下の1では、江戸時代前期における無筆の登場する笑話（軽口噺）・小咄などの笑いについて、2では、幕末・明治期の古典落語における無筆の笑いについて考えます。3では、「江戸時代の識字率は高かった」という〈定説〉を検証し直し、4では、日本最初の喜劇という明治期の『無筆の号外』を紹介します。

1、江戸前期の軽口噺

本節では、落語の源流に位置する四名が収集し創作した笑話や小咄をテキストとします。四名とは、笑話集『醒睡笑（せいすいしょう）』を編集し、〈落語の祖〉と称される安楽庵策伝（あんらくあんさくでん）、京都・北野天満宮などで辻噺を披露した〈京落語の祖〉露の五郎兵衛、大坂・生國魂（いくくにたま）神社（通称・生國魂（いくたま）さん）で辻噺や仕方物真似で活躍した〈大阪落語の祖〉米沢彦八（よねざわひこはち）、江戸の座敷で仕方噺を披露し人気を博した〈江戸落語の祖〉鹿野武左衛門（しかのぶざえもん）です。彼らの収集、創作になる無筆の登場する笑話類を読みながら、その笑いの矛先を探りましょう。

ア、「日四、五斗」

江戸前期の浄土宗僧侶であった安楽庵策伝（一五五四～一六四二）は、千余りの笑話を収めた『醒睡笑』（一六二八年）を編集しています。それらは策伝が説教僧として収集したもので、実際に説教の場で檀信徒に聞かせたものも少なくないようです。そのなかには、現行落語の元ネタになった作品もたくさんあり、無筆ネタも数多くあります。そのうちの一話を口語に代えて紹介します。

貧しい侍から知人に手紙が届く。開くと、冒頭に「日四、五斗賜り候へ」と書いてあった。文意不明なため、手紙を返却した。後に出会ったときに「先日の手紙は何用でしたか？　読めなくて残念でした。」と伝えると、侍は「あなたは身分のある人なのに、七日の〈ぬか〉さえ読めないのか」と言った。

この侍は、全くの無筆ではなく、手紙が書けるだけの識字力はあるのです。しかし、「七日」を「七（な）・日（ぬか）」と読むのだと勘違いして、「糠」を「日」と書いてしまったのです。

ここで留意すべきは、この話は何が面白いのかということです。たしかにこの侍が笑いの対象なのですが、それは識字力の低さをあざ笑うのではなく、その勘違いが面白いのです。書き間違いぶりのおかしさを笑うのであって、無筆であることを笑ってはいないのです。

イ、「貸家・貸蔵」

露の五郎兵衛（一六四三～一七〇三）の残した『軽口露がはなし』にも、無筆の武士が登場します。先の「日四、五斗」と同じく支配層の武士を無筆に設定するところに、落語の批判精神が垣間見えます。

全く読み書きのできない田舎侍がお供を連れて、京の室町辺りを歩きながら、家々の暖簾の文字を見て行くが、どれも読めない。ある家に「借家・かし蔵」の張り紙があるのを見て、下人に「何という字か？」と聞くと、お供が「かしいえ・かしぐら」だと答えた。すると、侍は頷いて「なるほど、筆跡は上手くないが、何といっても文章がうまい」と言った。

主人の侍が無筆のため、下人に読んでもらうという逆転の設定に落語の風刺性が窺えます。ここでも、侍が張り紙を読めないことを笑うのではなく、知ったかぶりの物言いが面白いのです。もし、この田舎侍が「自分は無筆だから、何という字か教えてほしい」と素直に言えば、笑いが起きるでしょうか。やはり、ここは田舎侍の見栄っ張り物言いが面白いのであって、「侍のくせに無筆か」という笑いではないのです。

ウ、「酒肴」

米沢彦八（?～一七一四?）は生國魂神社で活動したことから、現在、毎年九月の第一土曜・日曜に同社境内で「彦八まつり」が開催されています。彦八の著書『軽口御前男（ごぜんおとこ）』から、田舎者の無筆が登場する噺を引いておきましょう。

田舎者の二、三人連れが大坂の堀江を通りかかると、煮売店の行灯に「さけさかなあり」、その裏面に「酒肴」と書いてあった。田舎者は、この漢字を「酒又有」と読んで「みごとだ。〈おやまあり〉とは書けないので、〈酒又有〉と書いたのは当然だ」と言った。

田舎者は「肴」の文字を「又有」と誤読したのです。現在の楷書に慣れた私たちは、一文字を二文字に分けて読むのはありえない誤読だと思ってしまいますが、崩し字ではよくあることです。私も大学で古文書を学び始めたころには「どこからどこまでが一文字やねん?」と悩まされたものです。この田舎者は「酒又有」と読んだばかりか、「裂股あり」の意だと誤解したのです。「裂股」は女性をさす卑語です。つまり、公然と「おやま（遊女）」を置いているとは書けないので、「酒又有」とぼかして書いたと邪推したのです。あまり品の良い噺ではありませんが、ここでも「酒肴」を読めないことを笑ってはいないことに留意したいと思います。無理やり読んだけれど、誤読に誤解を重ねていることが可笑しいのです。

エ、「桐油合羽」

江戸のお座敷で笑話を披露していた鹿野武左衛門（一六四九～一六九九）の『鹿の巻筆』にも、看板を読み違える話があります。先の「酒肴」の田舎者は、仮名書きの「さけさかなあり」を読めばいいものを、漢字の「酒肴」を無理に読んで恥をかきました。ここでは、仮名書きの看板を見事に読み違えます。

江戸・弥左衛門町に明石屋又介という軽率な男がいた。出入りの屋敷を訪ねて、途中で見かけた看板のことを話題にし、「なんとまぁ、最近は珍しい刀の鍔が売りに出ています。殿様は鍔がお好きですが、御覧になりましたか」と尋ねた。殿様が「近ごろ評判の正阿弥作の鍔か」と聞くと、「いや人気の〈とうゆがつぱ〉です。あちこちに看板が出ていました」と答えた。殿様は「それは珍しい」と、御用人に見に行かせると、それは「桐油合羽」の看板だった。

説明するまでもないですが、又介は「とうゆかつは」と書いてある看板を見て、「とうゆ」が作った「鍔」と解したのです。「とうゆ」は「正阿弥」と同じく鍔職人の名と考えたのです。正しくは「桐油合羽（油桐の種子の油脂で作った油紙の雨合羽）」ですから、全くの誤読です。

しかし、又介の肩を持つわけではないのですが、当時の表記で平仮名を読むのは意外に厄介なのです。促音の場合は「かっぱ」のように「つ」を小さく書くということはしません。濁音であっても

「が」ではなく「か」と書きます。半濁音も「ぱ」ではなく「は」と書くのです。それは読み手が判断しなければならないのです。又介が「とうゆがつぱ」と読んだのもあり得ない読みではないのです。ですから、ここでも、又介の無筆を笑うのではなく、「なるほど、うまいこと間違えたものだ」とか、「自分もその手の誤読はざらにあるな」という笑いなのです。

以上、落語の源流ともいえる四名の作品から、無筆の登場する笑話を見てきました。そこに共通したのは、とんでもない勘違いや、的外れの知ったかぶり、頓珍漢な誤読や誤解が生みだす笑いでした。無筆であること、そのハンディをあざ笑ってはいませんでした。それは、次節にみる古典落語に受け継がれる弱者への優しい眼差しに通じます。権力を揶揄し、世相を風刺する落語だからこそそのスタンスを受け継いできたのです。

2、江戸後期・明治期の落語

本節では、江戸後期・明治期に作られた古典落語にみえる無筆の笑いについて検討します。上方落語の『平林』『平の陰』『向う付け』の三席をテキストにして、その元ネタにも目配りしながら、そこに仕掛けられた笑いの対象を考えます。

ア、『平林』

上方落語の『平林（たいらばやし）』（江戸落語では『平林（ひらばやし）』）は、『寿限無（じゅげむ）』とともに最もよく知られた前座噺でしょう。主人から預かった手紙の宛名が読めない無筆の丁稚が主人公です。その原話は、安楽庵策伝『醒睡笑』（一六二八年）に収められていますが、主人公は無筆の僧侶です。読みやすくするためにカギカッコを付し、漢字表記に直して引用します。

文（手紙）の上書きに、「平林（ひらばやし）」とあり。通る出家（僧侶）に読ませたれば、「ひょうりん」か、「へいりん」か、「たいらりん」か、「ひらりん」か、「いちはちじゅうに、ぼくぼく」か。それにてなくば、「ひょうばやし」かと。これほど細かに読みてあれども、平林という名字には読み当たらず。とかく、推には何もならぬものじゃ。

最後の「推には何もならぬものじゃ。」は「当て推量でものを言ってはならない」というようなことです。この僧侶は、無筆どころか、「平」と「林」を、「ひょう・へい・たいら・ひら」「りん・はやし」と幾様にも読み分けるだけの教養があるのに、正解の「ひらばやし」だけが思い浮かばず、その的外れの読み散らかしが面白いのです。

なお、『醒睡笑』には、この笑話『平林』のほかにも、僧侶を笑う笑話が多いのは、編者の策伝が僧侶であったことに加え、権威ある僧侶を揶揄する噺がそれだけ数多く作られ広まっていたことによるようです。のちの落語に受け継がれる風刺性がその下地にうごめいています。

『醒睡笑』と同時代の咄本『きのふはけふの物語』（一六四七年）にも、落語『平林』の源流に位置する話が載っています。『醒睡笑』では、手紙のあて名を一人の僧侶が読み散らかしましたが、ここでは、道で行き交う複数の人々が様々に誤読します。

上京に平林という人あり。この人の所へ、田舎より文（手紙）をことづかる。この者、「ひらばやし」という名を忘れて、人に読ませければ「たいらりん」と読む。「そのようなる名ではない」とて、また余の人に見せければ「これは、ひらりん殿」と読みける。「これでもない」とて、さる者に見すれば「一、八、十、木、木」と読む。「このうちは、外れじ」とて、あとには、この文を笹の葉に結び付けて、羯鼓（かっこ）（鼓の一種）を腰につけて、「たいらりんか、ひらりんか、一、八、十に木木。ひゃありゃ、ひゃありゃ」と囃し事をして、やがて、尋ね往（おう）た。

「このうちは、外れじ」とは、「このように様々に読めば、どれかが正解になるだろう」と言うような意味です。この噺も、手紙をことづかった者や、通りかかりの人々の無筆を笑う噺ではなく、次々に繰り出されるデタラメな読みを楽しむ噺です。教えられた多様な読みを囃しながら尋ねて歩くさまが面白いのです。この複数人に宛名を読んでもらう設定や、「ひゃありゃ、ひゃありゃ」と囃し歩く様子は、現在の落語に受け継がれています。

では、現行落語『平林』の概要を記します。

丁稚の定吉は本町の平林（ひらばやし）さんに手紙を届けるよう、主人から命じられるが、その名を失念する。しかたなく、通りかかりの人に手紙の宛名を読んでもらうと、一人目は「たいらばやし」と読み、二人目は「ひらりん」、三人目は「一、八、十の木木（いちはちじゅーのもーくもく）」、四人目は「一つと八つでトッキッキー」というとんでもない読みを教えてくれた。それらの読みを囃し歩く定吉は、当の平林さんと出会うが、「あぁ、惜しい。あなたに用事はおまへん」と通り過ぎてしまう。

笑いのツボは、『きのふはけふの物語』のそれを共有しています。落語でも、定吉や通りかかりの人々の無筆をあざ笑いはしていません。それは、ボケの喜六を笑ったり、武士や僧侶や医者たちをこけにしたりするのとは異なります。くどいようですが、無筆であることを笑ってはいない。

イ、『平の陰』

次に、上方落語の『平の陰（ひらのかげ）』をみましょう。江戸落語では『無筆の手紙』あるいは『手紙無筆』の名で呼ばれるように、無筆ネタの代表格といってもいい噺です。その原話は、宝暦十二年（一七六二）の『軽口東方朔』に「小僕肴籠（でっちさかなかご）」の名で載っています。読み易く漢字交じりにして引用します。

小僕（丁稚）、籠に入れたる肴と手紙とを両の手に持ち行きしに、手紙を持ち参るその先の人に道にて行き会いたれば、これはよいところでと「主人より手紙を差し越し候」と、その人へ手紙を渡しければ、先の人、無筆なれども手紙の封を切り、さらさらと読む顔して「これはかたじけない。そちは大儀ながらその肴、我らが宿へ持ち行き、走り（台所の流し）の下へ入れ置きてくれよ」。小僕、驚き「いや、あなたへはその手紙ばかり也。この肴は他家へ持ち参るはず」と言いければ、かの無筆の人、ぬからぬ顔にて手紙をまた読み返して「そうじゃ、そうじゃ。猶々書に変替えがしてある」。

丁稚から手紙を受け取った無筆の男は、丁稚が持っている肴を見て、自身への届け物だと思い込み、手紙でその旨を読んだふりをしたのです。しかし、丁稚にその間違いを指摘されると、「ぬからぬ顔（そしらぬ顔）」で手紙を読み返すふりをして、「猶々書（追伸）」に「変替え（書き換え）」されていたと強弁したのです。

この話が落語『平の陰』になると、無筆の熊公と、無筆の隠居の会話に発展します。熊公は隠居に手紙を読んで欲しいと頼みます。隠居は、手紙の内容についてのヒントを得るために熊公に探りを入れながら、そこから類推して頓珍漢な読みを繰り返しますが、丁稚にその読みでは辻褄が合わないことを指摘される。そのたびに読み替えるのです。その一部を紹介します。

熊公　「その先は何て書いてます？」

隠居「長らく会わんが、いかがお暮らしのことかと絶えず案じております」と書いたぁる。
熊公「長らく会わんて、一昨日に会うたとこでっせ？」
隠居「お前なぁ、そぉいぅことは早よ言わなあかん。こっちにも読む都合があるねんさかい……。あぁ、書いたぁる。長らく会わんと思ぉたが、これは思い違い。よぉ考えたら、一昨日に会ぉたなぁ」と書いたぁる。
熊公「はぁ〜？　不思議でんなぁ。わたしとオッサンが会ぉたんは一昨日でっせ。せやのに手紙に、一昨日に会ぉたなぁ、と書いてまんのん？　するとその手紙は今日書いたんでっか？」

隠居は、適当に「長らく会わん」と読んだが、熊公から一昨日に会ったと聞き、「長らく会わんと思ったが、一昨日に会ったな」と書いてあったと言い訳します。このようなやりとりだけでも面白いのですが、熊公に隠居の読みの矛盾を指摘するだけの小賢しさを持たせることで、笑いを増幅しています。熊公が、手紙に「一昨日に会った」と書いてあるのはおかしいと疑問を呈すると、隠居は「一昨日かと思ったら、昨日だった」と訂正する。万事がこの調子です。

この落語の面白さは、隠居の出鱈目な読みと、まるで隠居が無筆であることを知ってからかうかのような熊公のするどいツッコミにあります。寄席のお客は、熊公が無筆であることをあざ笑うどころか、ツッコミの鋭さを面白がるのです。

なお、演目の『平の陰』は、噺のオチで、隠居が手紙に書かれているはずの「お猪口（ちょこ）」の文字が

「平（平たい蓋つきの大平椀）」の文字の陰になって見えなかったと言い訳することによります。

ウ、『向う付け』

もう一席、上方落語の『向う付け』をみておきましょう。江戸落語では、『三人無筆』『帳場無筆』なども呼ばれます。以下、その原話に当たる小咄三話と『向う付け』を紹介します。

まず、正徳六年（一七一六）の『軽口福蔵主』に載っている「無筆の口上」の要約から。年始や葬儀のときに玄関に置く「玄関帳」がモチーフです。現在でも婚礼や葬儀の受付には「芳名録」が用意されますが、かつては、そこに記帳するのは参列者自身ではなく、受付の役目でした。

ある公家の家に、遠国の武家の使者が来て、玄関先で口上を述べた。取次に出た無筆の家臣は、その長口上を覚えられず、「この玄関帳に書いてほしい。主人が帰ったら伝える」と頼む。しかし、使者も無筆なので、家臣に書いてほしいと頼み、二人は困ってしまう。そこで、使者は、懐から印判を取り出して玄関帳に捺し、「御主人が御帰りになったら宜しく伝えてほしい」と頼む。

公家の家臣と、武家の使者の会話であるのは、やはり権力・権威をからかう意味合いがあるようです。先の笑話『平林』が、手紙を読み間違う役回りを僧侶としていたことに通じます。口上の内容を記す代わりに、印判を捺す行為が面白いのでしょうが、少し無理があるような気もします。

そこで、正徳・享保期（一七一一〜一七三六）の『水打花（みずうちばな）』に収録の「御使者の無筆」では、玄関帳のモチーフは変わりませんが、最後のセリフに工夫がみえます。

ある屋敷に年始の使者が訪れ、玄関先で口上を述べる。奏者（取次）の家臣が名を問うと「小田川何右衛門」と答えた。家臣は「御名前を玄関帳に記したいが、自分は無筆なのであなたが記帳してほしい」と頼む。使者も無筆なため「それなら、あなたがくるくると渦巻きでも書いてください」と返すが、家臣は「いや、あなたが書いてほしい」と互いに譲らない。使者は仕方なく、渦巻きを書く。それを見た家臣は「これほど見事に書いてもらえれば、よく判る」と言った。

ここでは、使者は記名するのでもなく、印判を捺すのでもなく、代わりに渦巻きを書き、それを見た家臣が知ったかぶりで「達筆なので、誰が訪れたかよく解る」というのです。記名の代わりに渦巻きを書く使者も使者なら、それを達筆とみた家臣も家臣です。笑いのツボはそこにあり、二人が無筆であることではありません。

先の印判もこの渦巻きも、少し無理のある笑いのように思えますが、次の笑話『無筆』は、なかなかうまく話を落とします。江戸中期の旗本で戯作者、狂歌師でもあった木室卯雲（きむろぼううん）（一七一四〜一七八三）が明和九年（一七七二）に著した『鹿の子餅（かのこもち）』に掲載されています。会話形式で著され、そのまま落語の一場面のようになっています。解り易い表現に変えて引用しておきます。

客　「たのもう」
取次「どうれ」
客　「北佐野三五右衛門が、ご挨拶に来ました」
取次「今日は、主人は外出しております」
客　「では、玄関帳に記し、お帰りになったら宜しくお伝えください」
取次「いや、私は無筆です。あなた様が自筆で帳面にご署名ください」
客　「私も無筆です」
二人「はて、困ったものだなぁ」
客　「では、こう致しましょう」
取次「どうなさいます？」
客　「来なかったことにしてください」

玄関帳に記名できない客は、自身の訪問をなかったことにするというのがいいですね。この苦肉の策で急場をしのごうとする様子が笑いを誘うのです。

これらの笑話の延長線上に、上方落語『向う付け』があります。落語では、モチーフを、玄関帳から葬儀の記帳に変えています。葬儀の手伝いに来た無筆の二人が、参列者の名を記録する帳場（記帳係）の担当になるのですが、困った二人は参列者自身に記帳してもらう「向う付け（銘々付け）」にします。当時は「向う付け」が異例であったことは、参列者の間で「ケッタイナ帳場や」と評判になることからも解ります。

葬儀の終わりのほうで、無筆の参列者が来たため困った二人は「あんたが来たことは、この三人の内緒にしときましょ。」というのがオチになります。先の笑話『無筆』を踏襲しています。

この噺でも、帳場の二人と参列者が無筆であることが可笑しいのではなく、無筆の参列者が来なかったことにしようという、苦し紛れの対応が面白いことは言うまでもありません。

この他にも、無筆の若い武士が登場する落語『泣き塩』があります（粗筋は一三七頁に紹介）、やはり無筆であることを笑うものではありません。

3、日本人の読み書き能力

ア、山本夏彦の理解

江戸前期の軽口噺から江戸後期・明治期の古典落語を見てきましたが、次に江戸時代における日本人の識字率について考えたいと思います。というのは、コラムニストの山本夏彦（一九一五～二〇〇二）が次のような随筆を書いているからです。

「無筆の手紙」という落語は何度も聞いたことがある（中略）。「三人無筆」「無筆の女房」など、ほかにも無筆の話があるから、これによって何が分るかというと、寄席でこんな話をして客が笑うところを見ると、明治はもとより旧幕のころも無筆は江戸では希だったということが分る。もし客席に大ぜい無筆がいたら、客に恥をかかせることになって、こんな話はできない。

（山本夏彦『「戦前」という時代』文藝春秋、一九八七年）

山本が「こんな話」というのは、その文脈から「無筆であることをあざ笑う話」ということになります。笑われる対象の無筆が客席にいたのでは笑いが起きず、無筆の落語は口演できないというのが、山本の理解なのです。それ故に「明治はもとより旧幕のころも無筆は江戸では希だった」から「こんな話」に皆が笑えたという解釈に落ち着くのです。

しかし、山本は三つの勘違いを犯しています。

その一つは、「無筆であることをあざ笑う話」だという理解です。「無筆」が登場していても、笑いを巻き起こすのは、そこに繰り広げられる滑稽なやりとりや、奇抜な発想であったことは先に明らかにした通りです。ですから、客席に無筆の客がいたとしても口演を憚るものではありません。山本は、客席に無筆が「希だった」といいますが、では、客席に一人でも無筆がいたら、皆が笑っている中で恥をかかされたと席を立つことになるのでしょうか。いや、そんなことはありません。無筆の落語は、たとえ無筆であっても笑えるように工夫されていたのですから。

もう一つの勘違いは、無筆の少ない幕末・明治期だったから、無筆の落語が成り立ったという理解です。これも先に明らかにした通り、無筆の落語の原話は、江戸前期に作られ、広まっていました。そのころは幕末・明治期よりは無筆が多かったはずです。もちろん、江戸前期には未だ寄席は成立していませんが、それでも無筆の笑話や小咄は、神社などの大道芸の興行や、寺院における僧侶の説教などによって、多くの無筆も楽しんだのです。無筆の希な幕末・明治期だったから口演できたというのもおかしい。

イ、江戸時代の識字率

そして三つ目の勘違いが本節のテーマでもあるのですが、幕末・明治期における日本人の読み書き能力についてです。たしかに、「江戸時代の識字率は高かった」とする理解が〈定説〉のように広まっています。山本が「無筆は江戸では希だった」というのは、この〈定説〉を踏まえたものでしょう。

この〈定説〉が生まれた背景には、幕末・明治期に来日した外国人たちの証言がありました。慶応元年（一八六五）の日本に二ヵ月ほど滞在したハインリヒ・シュリーマン（一八二二～一八九〇）は、その旅行記に日本人の読み書き能力を次のように評価しています（『シュリーマン旅行記 清国・日本』講談社学術文庫、一九九八年）。

教育はヨーロッパの文明国家以上にも行き渡っている。シナをも含めてアジアの他の国では女たちが完全な無知のなかか放置されているのに対して、日本では、男も女もみな仮名と漢字で読み書きができる。

シュリーマンは、この八年後に「トロイの遺跡」を発掘するのですが、功名心優先の発掘だとの悪評が高く、この旅行記についても「全体として不正確で、本来慎重を期すべきところを、粗っぽい推論で済ませている」との批判があります（ロバート・ペイン「トロイアの黄金」『世界ノンフィクション全集10』筑摩書房、一九六〇年）。にもかかわらず、右の言説を敷衍するかのように、「江戸時代の識字率は高かった」と吹聴されてきました。シュリーマンに対する批判的な論評については、次のような反論も出ています。

彼（シュリーマン＝筆者注）のために、彼の目が日本びいきであるために曇っていたのではないかという疑いを晴らしておきたい。幕末当時、日本には一万五千の寺子屋があり、武士は百％、庶民男子五〇％、女子二〇％、江戸市中で七〇％の識字率で、当時のロンドンの識字率三〇％などを断然凌駕し、何百年も世界一を続けていたことを申し上げておきたい（但木敬一「シュリーマンと日本」、日本エッセイストクラブ編『死ぬのによい日だ』文春文庫、二〇〇九年）。

右の寺子屋の数はさておき、識字率については根拠不明と言わざるを得ないのですが、この種の「江戸時代の識字率は高かった」論調は意外に広まっています。

そのきっかけとなったのは、イギリスの社会学者・ロナルド・ドーア（一九二五〜二〇一八）の研究によるところが大きいようです。ドーアは、その著書『江戸時代の教育』（岩波書店、一九七〇年）で次のように書きました。

疑う余地のないことは、一八七〇年（明治三）の日本における読み書きの普及率が現代の大抵の発展途上国よりかなり高かったということである。

そして、ドーアは、この二十八年後には『学歴社会 新しい文明病』（岩波書店、一九九八年）を著し、読み書き能力の具体的な数字を示したのです。

一八七〇年頃には、各年齢層の男子の四〇—四五%、女子の一五%が日本語の読み書き算数を一応こなし、自国の歴史、地理を多少はわきまえていたとみなしてよさそうである。

これは、寺子屋などの「就学率」を踏まえた既述なのですが、その後、この数字は「識字率」を示すものにすり替えられ独り歩きしていくのです。

そして、アメリカの文化人類学者のハーバート・パッシンも『日本近代化と教育』（サイマル出版、一九八〇年）において、江戸時代後期の読み書き能力について次のように論評するのです。

> 武士は行政をつかさどる階級として、きわめて高い水準の読み書き能力と、統治者としての教育を必要としていた。
>
> 他方、町の商人や上層の職人階級にとっても、内容や種類こそちがえ、教育の必要性は同様に大きかった。（中略）彼らも、算術、帳づけ、書簡文などの知識は必要としていた。
>
> 農村においても、地方三役階級だけが読み書き能力を求められたのではなかった。一般の百姓は、かなりの下層水準までおりても、その必要性を感じていた。

武士・町人・百姓の別に、その読み書き能力を評価したものですから、「日本人の識字率は高かった」ことは説得力を増し、疑いようのない〈定説〉となるのです。

私も長年にわたって江戸時代の地方文書（じかたもんじょ）の調査に当たってきましたが、奥深い山村においてさえも、質の高い豊かな文献史料を発掘することは希ではありませんでした。たしかに各村に読み書き能力を備えた一定数の村人がいたことは否定できません。しかし、その史料所蔵者は元庄屋家や寺社などに偏っており、はたして「かなりの下層水準まで」その能力が行き渡っていたとは思えないのです。

村の上層部への読み書き能力の浸透については、江戸幕府の支配体制の結果であることを、日本史研究の立場から網野善彦（一九二八～二〇〇四）が指摘しています。

江戸時代は、このような文字の庶民への普及を前提として、国家体制ができ上がっています。江戸幕府は当初から、町や村の人たちの中に文字が使える人がいることを前提にした体制だといってもよいと思います。この国家はそのような点で、おそらく世界の中でも非常に特異な国家だと思いますけれども、それはこのような、文字の人民への普及度の高さに応ずる問題だと思うのです。

（網野善彦『日本の歴史をよみなおす』筑摩書房、二〇〇五年）

江戸幕府の支配は、支配層である武士だけではなく、町役人（惣年寄・町年寄・町代など）や、地方三役（庄屋・年寄・百姓代など）も読み書き能力を持っていることを前提に法令や触状（ふれじょう）を発していました。加えて、町方では経済の発達に呼応するように寺子屋が普及し「よみ・かき・そろばん」能力を高めたことも認めざるを得ません。

しかし、幕末・明治初年に識字率の調査が行われたわけではなく、居住の地域、所属の階層、性別や職業などによる差異を考えると、安易に、日本人は世界一の識字率だったと言っていいのか疑問です。ましてや、高い識字率の御蔭で明治維新という世界にも稀な近代化を成し遂げたというような言説には用心しなければなりません。

ウ、幕末・明治期の来日外国人の記録

ところが、先に紹介したシュリーマンの旅行記の外にも、日本人の読み書き能力の高さを評価する

来日外国人は山ほどいるのです。ドーアやパッシンの理解を裏付けるかのような紀行文や滞在記が次々に翻訳され、〈定説〉を揺らぎないものとしてきました。私は、「江戸時代の識字率は高かった」という〈定説〉に疑問を感じていますが、来日外国人たちの記録にも耳を傾けたいと思います。以下、七人の来日外国人たちの証言を見ますが、悉く日本の識字率は高いと言っています。

(1)ゴロヴニン『日本幽囚記』（岩波文庫、一九四三〜一九四六年）

ロシア海軍のヴァシリー・ゴロヴニン（一七七六〜一八三一）は、文化八年（一八一一）に択捉・国後に寄港後、松前藩（北海道松前町）に捕らわれ二年余にわたって抑留されていました。その幽閉中の記録で次のように言っています。

> 日本の国民教育については、全体として一国民を他国民と比較すれば、日本人は天下を通じて最も教育の進んだ国民である。日本には読み書きの出来ない人間や、祖国の法律を知らない人間は一人もいない。

(2)マクドナルド『日本回想記　インディアンの見た幕末の日本』（刀水歴史全書、一九七九年）

ネイティブアメリカンの血を引くラナルド・マクドナルド（一八二四〜一八九四）は、嘉永元年（一八四八）、漂流民を装って北海道に密航し、長崎に移送、監禁されましたが、翌年には米艦に引き取られて帰国します。その回想記には、日本では社会階層を問わず、読み書きできると言っています。

日本の全ての人―最上層から最下層まであらゆる階級の男、女、子供―は、紙と筆と墨（矢立）を携帯しているか、肌身離さずもっている。すべての人が読み書きの教育をうけている。また、下層階級の人びとでさえも書く習慣があり、手紙による意志伝達は、わが国におけるよりも広く行なわれている。

(3)ヴェルナー『エルベ号艦長幕末記』（新人物往来社、一九九〇年）

プロイセン海軍将校のラインホルト・ヴェルナー（一八二五〜一九〇九）は、万延元年（一八六〇）にエルベ号艦長として来日、三年間滞在しました。その航海記は、日本人の生活・風俗について記録するなかで、日本の無筆は一％以下だと言います。

日本では、召使い女がたがいに親しい友達に手紙を書くために、余暇を利用し、ぼろをまとった肉体労働者でも、読み書きができることでわれわれを驚かす。民衆教育についてわれわれが観察したところによれば、読み書きが全然できない文盲は全体の一パーセントにすぎない。

(4)オイレンブルク『オイレンブルク日本遠征記』（雄松堂書店、一九六九年）

プロシア外交官のフリードリヒ・オイレンブルク（一八一五〜一八八一）は、万延元年（一八六〇）

に来日して「日普修好通商条約」を締結しました。その報告書のなかで、日本における本屋の多さに驚いています。

暇なときの読書は、あらゆる階級の日本人が第一にすることである。（中略）本屋は至る所の通りにあり、本は信じられないくらい安く、それでいかに多くの本がよまれているかもわかるのである。

(5)ニコライ『ニコライの見た幕末日本』（講談社学術文庫、一九七九年）

ロシアの宣教師・ニコライ（一八三六〜一九一二）は、文久元年（一八六一）に箱館のロシア領事館附属礼拝堂司祭として来日。明治五年（一八七二）に東京に移り、二十四年に東京復活大聖堂（ニコライ堂）を建てました。日露戦争中も日本にとどまり、日本で没します。その日記では、日本の貸本屋の充実と、漢字仮名交じりの表記に注目しています。

（貸本屋を覗けば＝筆者注）手垢に汚れぬまっさらの本などは見当たらない。それどころか、本はどれも手擦れしてぼろぼろになっており、ページによっては何が書いてあるか読みとれないほどなのだ。日本の民衆が如何に本を読むかの明白なる証拠である。

読み書きができて本を読む人間の数においては、日本はヨーロッパ西部諸国のどの国にも退けを取らない。（ロシアについては言うも愚かだ！）日本の本は、最も幼稚な本でさえ、半分は漢字で書かれているのに、それでなおかつそうなのである。

(6)メーチニコフ『回想の明治維新―ロシア人革命家の手記』（岩波文庫、一九八七年）
ロシアの亡命革命家・レフ・メーチニコフ（一八三八〜一八八八）は、明治七年（一八七四）に来日、東京外国語学校のロシア語教師となり、一年半ほど滞在しました。帰国後に、日本滞在中の回想記を記し、日本の最下層にまで読書の習慣があることに驚いています。

（人足や小使や茶店の娘らが＝筆者注）例外なく何冊もの手垢にまみれた本を持っており、暇さえあればそれをむさぼり読んでいた。彼らは仕事中はそうした本を着物の袖やふところ、下帯つまり日本人が未開人よろしく腰に巻いている手ぬぐいの折り目にしまっている。そうした本は、いつもきまって外見ばかりか内容までたがいに似通った小説のたぐいであった。

(7)モース『日本その日その日』（東洋文庫、一九七〇年）
アメリカの動物学者のエドワード・モース（一八三八〜一九二五）は明治十年（一八七七）に来日、東京大学（のち東京帝国大学）教授となり、「大森貝塚」を発掘したことで知られます。その日本滞在記には、行商の貸本屋について記録しています。

大きな包を背負った人を、往来で屢々見ることがある。この包は青色の布で被われて手風琴（ハンドオルガン）を思わせる。これは大きな書架・・・・事実巡回図書館なのである。本はいたる処へ持って行かれる。そして日本には無教育ということがないので、本屋はあらゆる家へ行き、新しい本を残して古いのを持って帰る。

モースが「日本には無教育ということがない」というのは、明治五年（一八七二）に発布された『学制』が「一般の人民、必ず邑（むら）に不学の戸なく、家に不学の人なからしめんことを期す」と謳っていたことを額面通りに受け取ったためでしょう。

エ、識字率世界一の見直し

以上の通り、幕末・明治初期に来日した外国人たちは、そろって日本人の読み書き能力の高さを記録しています。日本には、その性別や社会階層を問わずに読書の習慣が広まっていたというのです。

しかし、これらの記録を額面通りに受け取っていいのでしょうか。極東の小国に対する偏見のバイアスが働いてはいないか。彼らが自らの異国体験を自国民により強く印象付けたい願望が過度の表現となってはいないか。いや、それ以前に、アルファベットのスペリングで表記する文化圏から覗いた、表意文字の漢字と表音文字のひらがな・カタカナを駆使する文化圏への驚きがあるのではないか。スペル不要のままに、表音文字で文章を書きこなし、そこに漢字という表意文字を併用することへの驚きが、かなりの誇張を生んでいないか、そんな危惧があります。

さらにいえば、読み書き能力をどのように捉えるかの問題もあります。自署できればそれだけで識字率にカウントされるのか、漢字交じりの候文を読み書きできなければカウントされないのか、という問題です。このことについては、ようやく「何をもって読み書きができると定義するか」という研究上の議論が始まったばかりです（木村政伸「前近代日本における識字率推定をめぐる方法論的検討」大戸安弘・八鍬友広編『識字と学びの社会史 日本におけるリテラシーの諸相』思文閣出版、二〇一六年）。

ドーアやパッシンの研究によって、一九七〇年代以降に「江戸時代の識字率は高かった」ことが〈定説〉になったことは先述しましたが、ようやく近年になって、それを疑う研究が発表されるようになってきたのです。アメリカの教育史学者であるリチャード・ルビンジャー（一九五六〜）によれば、あのドーア自身が自らの示した数字について「その見積もりについて再検討してみたが、そういう結論に至る理屈に無理があることが分かった」と告白しているそうです（リチャード・ルビンジャー『日本人のリテラシー 1600–1900年』柏書房、二〇〇八年）。

そして、ルビンジャーは『陸軍省統計年報』に基づいて、明治三十三年（一九〇〇）の大阪における非識字率を検証して、大阪市四区でいえば西区の非識字率は〇〜九％、北区・東区・南区は十〜十九％なのに対し、中河内郡では非識字率四十〜四十九％に上るというような根拠のある数字を挙げています。近代教育が浸透していたはずの明治後期でさえ、まだ半数近くが読み書きできない地域があったのです。幕末には多くの日本人が読み書きできたという来日外国人たちの証言は慎重に検証し直す必要がありそうです。

近年の研究では、〈定説〉の「世界一の識字率」が見直されつつあることを言わんがために、いささか識字率にこだわりすぎたようです。その研究の進展を期待しながら、現時点でも言えることは、江戸後期から明治前期にかけての江戸や京・大坂の寄席には、相応の無筆がいたことです。全くの無筆もおれば、生半可に仮名を書ける者、簡単な漢字なら読める者など、様々なレベルの無筆がいました。それでも、如上の理由から「無筆」の登場する落語を楽しめたのです。

4、喜劇『無筆の号外』

1・2において、「無筆」が登場する軽口噺や古典落語で何を笑うのかを検討してきました。結果、江戸初期の笑話から、江戸後期・明治期の落語に至るまで、無筆であることを笑ってはいないことが明らかになりました。無筆の落語は、落語が権力や権威への批評精神を持っていることと乖離するものではなかったのです。その批評精神の一方で、無筆であることをあざ笑ったのでは、人気の大衆芸能にはなり得なかったともいえるのです。

それは大衆芸能としての喜劇にも通じるはずです。我が国における喜劇の始りは、明治三十七年（一九〇四）の曾我廼家（そがのや）五郎・十郎の一座による『無筆の号外』でした。その初演は、日露戦争開戦の翌日にあたる同年二月十一日（三日後の十三日ともいう）の道頓堀・浪花座でのこととされますが、この芝居が大当たりをとるのは、同年十月十四日の京都・朝日座だったようです（三田純市「喜劇誕生―曾我廼家十郎と五郎―」『上方喜劇』白水社、一九九三年）。それにしても、日本最初の喜劇が「無筆」をモチーフにしていたことは、興味深いことです。その台本が残っていないので詳しくは解りませんが、粗筋はおおよそ次のようなものだったようです。

ある長屋に洋食屋の開店を宣伝するチラシが舞い込む。無筆の住人たちは大家に読んでもらうが、そこに記された洋食のメニューには馴染みがなく、「テキ」を「敵」、「カツ」を「勝つ」、「カレーライス」や「ハイシビーフ」なども、ロシアの将軍や巡洋艦の名と勘違いしたあげくに、洋食店に押し掛け、料理の皿を投げ割って「バンザイ、バンザイ」で終わる。

三田純市は、この喜劇の笑いを次の三点にまとめています。

①（無筆の人間に対する）観客の優越感の笑い
②　錯覚、勘違いから生まれる笑い
③（皿を投げつけて割るという）スラプスティックの笑い

②と③には同意しますが、①には首肯できません。先に明治三十三年における大阪の識字率を示しておきました。浪花座であろうが朝日座であろうが、その客席にはかなりの無筆の観客がいたはずです。それなのに、無筆に対する優越感の笑いで大ヒットしたとは思えません。これは、やはりメニューの

読み間違いぶり、ドタバタぶりが面白いのであって、無筆への優越感ではなかったはずです。

おわりに

江戸前期の軽口噺から、江戸後期・明治期の落語、さらには日本初の喜劇についてまで見てきました。予定よりも紙幅を費やしたのは、江戸時代の識字率が世界一だったとする〈定説〉の検証が必要になったからです。寄席に無筆の観客がいないことを理由に、「無筆そのものを対象とした笑い」を首肯するような言説が散見されるので、江戸後期・明治期の識字率についても考えざるを得なかったのです。「世界一の識字率」については研究の進展を俟ちたいと思いますが、無筆の落語は「無筆そのものを対象とした笑い」ではないという指摘は揺らがないと考えています。

《付記》落語『代書』とピジン言語

読み書きができないハンディそのものを笑わないスタンスは、江戸前期の笑話から、幕末・明治初期の古典落語を経て、明治後期の喜劇にまでバトンタッチされていました。このような長期にわたって無筆をベースにおいた笑いが生み出されているのは、先に指摘した日本語の融通無碍な文字表記のありかたが、文字の読み間違いや、意味の取り違えなどの笑いを仕掛けやすいということにも関わるのでしょう。

ところが、昭和初年の新作落語『代書(だいしょ)（代書屋とも）』では、伝統的な無筆に仕掛けられた笑いではなく、在日朝鮮人の日本語力のハンディそのものが笑いの対象となっています（以下、昭和初年に使用されていた歴史用語として「在日朝鮮人」の語を使用します）。

ア、桂米団治と『代書』

四代目・桂米団治（一八九六～一九五一）は、昭和十三年（一九三八）頃に、大阪市東成区今里で「代書屋」を営み、その経験を踏まえて落語『代書』が作られました。原作では、次の四人の客が代書屋を訪れます。

客①　履暦書の代書を頼みに来た、ちょっと間が抜けた男。
客②　結納の受取の代書を頼みに来た、六十余歳の上品な老人。
客③　妹の渡航証明の願書の代書を頼みに来た、在日朝鮮人の李大権。
客④　②老人の無礼を侘びに来た、同家の十二、三歳の丁稚。

客①は古典落語の喜六のようなキャラクターで、頓珍漢な応対をして代書屋を困らせて笑いを巻き起こします。それは伝統的な無筆の笑いに属すものです。例えば、代書屋が「学歴」を尋ねると、男は「患ったことはない」と答え、「職歴」を問われても、遊郭に行った日を教えるような会話で笑いを巻き起こします。このあたりは、江戸時代の笑話や古典落語にあってもおかしくない笑いです。

客②は、実は高名な書家なのですが、中風を患い字が書けないために代書を頼みに来ます。しかし、代筆を依頼に来た客の立場なのに、店の看板の字をみて「字の右肩が上がりすぎている」「字に気品というものが失せて」などと、代書屋の字を批評して帰ってしまいます。

客④の丁稚は、この書家の失礼を詫びに「お邪魔料」を持参し、その受取証を書いてほしいと頼みます。しかし、この丁稚は書家の弟子でもあり、代書屋よりも筆が立つため、代書屋が受領証を書きかけると「字の肩が上がりすぎ」などと批判し、結局、丁稚が受領書を代筆してオチになります。

この客②の場面でも、決して、中風で字が書けなくなったことを笑いはしません。④の場面では、代書屋も丁稚も字は書けますから、無筆についてではなく、主客転倒の面白さなのです。

それに比べると、客③では、日本語の苦手な在日朝鮮人が、済州島にいる妹のために渡航証明の願書を書いてもらいに来ますが、その会話は明らかに異なります。彼は、来店するなり次のように話します。

ハイ、チヨド物をタツねますカ、アナダ、トツコンションメンするテすか。

「はい、一寸ものを尋ねますが、あなたは渡航証明を書いてくれますか」ということなのですが、以下もこの調子の独特の言葉使い、発音、アクセントで笑いをとるのです。もちろん、客①の男と同じような頓珍漢な会話も仕込まれてはいますが、基本的に日本語力のハンディそのものが笑いの対象になります。そして、ここで重要なことは、この落語を聴いている観客が、その独特の片言日本語によって「在日朝鮮人らしさ」を感じることなのです。

このような片言語を、言語学では「ピジン言語」といいます。金水敏先生によれば、ピジン言語とは「二つ以上の言語が接触する場で、自然発生的に用いられる奇形的な言語」のことです（金水敏『コレモ日本語アルカ？ 異人のことばが生まれるとき』岩波書店、二〇一四年）。ですから、日本で生まれ育ち、日本人同等に日本語を取得している在日外国人にはあてはまりません。

「ピジン言語」は「役割語」の一種です。「役割語」とは、金水先生が提唱した言葉使いのことで、次のように定義づけられます。

特定の話し方（語彙、語法、言い回し、声質、抑揚等）と人物像（性別、年齢・世代、職業・階層、人種・国籍、場面等）とが連想関係として結びつけられ、社会的にその知識が共有されている時の、その話し方を指す。

落語は、役割語を駆使する話芸であり、この役割語の御蔭で私たちは登場人物たちの聞き分けが可能となるのです。このことは前著『上方落語史観』で紹介したので繰り返しません。

イ、ピジン言語

　在日朝鮮人史を研究する杉原達先生も、この落語『代書』には関心を示しています。杉原先生の『越境する民―近代大阪の朝鮮人史研究―』（新幹社、一九九八年）は、一九二〇～一九三〇年代の「大阪在住朝鮮人」の歴史を論じるにあたり、その冒頭で落語『代書』を採り上げ、米団治の暮らした今里（大阪市東成区）について、次のように説明します。

> 「仲濱代書事務所」（米団治の本名は仲濱賢三であった）が開かれていた今里は、大阪の中でも、屈指の朝鮮人、とりわけ済州島出身者の集住地域であった。近くに朝鮮人が住んでいることは、付き合いが深いということを意味するわけでは決してない。視野に入っているはずなのに見えていない、という関係が成り立つことは、大いにあり得る。あるいはまた日常的な出会いがあるからこそ摩擦や矛盾も多く、日本人側が侮蔑と排除の感覚を研ぎ澄ます場合の方が多いとも言わねばなるまい。

在日朝鮮人と日本人とが出会うとき、「日本人側が侮蔑と排除の感覚を研ぎ澄ます場合の方が多い」という指摘は、戦後間もなくの大阪市南東部に生まれ育った私の体験からも認めざるを得ません。

　杉原先生は続いて、米団治を含む日本人の意識についても次のように指摘します。

> 米団治が、朝鮮人に対する当時の社会意識の中で生きてきたことは、紛れもない事実である。一

般に存在した差別的なまなざしから、まったく自由であり得たはずはない。日本語の発音の困難をあえて強調して「朝鮮人らしさ」を際立たせるという類型化された人物づくりにも、その一端はうかがえるだろう。

米団治も朝鮮人に対する「差別的なまなざし」と無縁ではなかったというのです。それは落語『代書』において、客③に独特の発音、イントネーションで喋らせ、敢えて「朝鮮人らしさ」を際立たせたことに通じます。まさに客③の話す「ピジン言語」が役割語である所以です。

このような杉原先生の理解に対して、反論もあるでしょう。例えば、米団治の手控え帳には次のような記述があります（「四世桂米団治『凡相録』昭和二〇年五月一八日条」『桂米朝座談』岩波書店、二〇〇五年）。

自分は大阪市民である前に日本人であるが、さらに日本人である前に人類である。この自分を「日本人」なる範疇に押し込んで人類たる事を忘れるように強制さるるのは迷惑も甚だしい。

戦時下に、このような開明的な視座を持っていたことに驚きますが、そのことを根拠として、米団治は当時の社会意識からも距離を置けたはずだとか、自家の二階に在日朝鮮人（落語の李大権のモデルだという）を住まわせていたくらいだから、侮蔑や排除の感覚はなかったというような反論です。

現代の日本人が持っている韓国・朝鮮人のイメージを、映画を素材に論じた門間貴志先生によると「朝鮮人が日本の劇映画に姿を現すようになったのは、一九三〇年代前後のこと」なのだそうです(「朝鮮人と中国人のステレオタイプはいかに形成されてきたか」『日本映画は生きている　第四巻　スクリーンのなかの他者』岩波書店、二〇一〇年)。まさに『代書』の作られた時代です。そして、そのころの朝鮮人の描かれ方については次のように説明しています。

戦前の日本映画には朝鮮人に対するあからさまな民族差別や蔑視がほとんど見られないのである。もちろん現実をそのまま描いているわけではなく、理想化された姿である。

この分析は、戦前・戦中と戦後における日本人と韓国・朝鮮人の関係性を視野において受け止めなければなりません。戦前・戦中の朝鮮半島は、明治四十三年(一九一〇)以来の韓国併合下にあり、皇民化政策によって朝鮮人も日本人と同じく「皇国臣民」のはずでした(それでも、現実社会の朝鮮人は「侮蔑と排除の感覚」と無縁ではなかったのですが)。しかし、門間先生の分析による一九三〇年代の社会風潮を考慮しても、「米団治が(中略)一般に存在した差別的なまなざしから、まったく自由であり得たはずはない」という杉原先生の指摘を看過することはできないのです。

門間先生によれば、戦後の「一九五〇年代の後半から、もっともよく映画に登場する朝鮮人とは在日朝鮮人」になり、差別的なまなざしが描かれるようになります。それは、戦後まもなくの大阪における朝鮮人への蔑視と排除の現実を見てきた私の感覚に近いものです。そして、現代社会においても、そのまなざしが全く払拭できているとは言い難いがゆえに、現在の寄席では、客①の場面だけの口演が通例になっているのです。

落語『代書』で留意すべきは、原作者や演者の意図ではありません。大衆芸能としての落語である限りは、現代の社会意識を踏まえて、客③の「ピジン言語」が観客にどのような笑いを巻き起こすのかという問題なのです。

コラム⑦ 小使所と小便所

無筆が登場する落語の笑いは、読み書きが出来ないことを嘲笑するのではなく、笑いの矛先は、その滑稽な読み間違いや、頓珍漢な勘違いに向けられていました。そのことは繰り返し説いてきましたので、ここでは、その読み間違いや勘違いを生む土壌として、江戸時代から明治前期ころまでの独特の文字表記の文化があったことを指摘しておきたいと思います。

その一つは、言うまでもないことですが、当時の人々が読み間違ったのは、毛筆で書かれた崩し字だったということです。「酒肴」を「酒又有」と誤読したことについて（六六頁参照）、「そんなことはあり得ない」と思う方がいらっしゃるかも知れません。それは、現代人が楷書体や活字体を読み慣れているため、二文字の漢字を三文字に読み分けて間違うことが理解しにくいのです。

落語『目薬』では、粉薬の効能書に「めじりにさすこと」と書いてあるのを、亭主が「女じりにさすこと」と誤読して女房の尻に振りかけると、ちょうど女房の屁の勢いで亭主の目に入ったというバカバカしい話です。「女」の草書から平仮名の「め」が生まれたのですから、この読み間違いも無理矢理の誤読ではないのです。

古典落語を聞くときに、楷書の漢字を思い浮かべたのでは「そんなアホな！」になってしまいます。しかし、崩し字を思えば「なるほど、そう読むか！」となるのです。江戸時代の寄席なら、「自分も同じ間違いをしたことがあるな」という共感の笑いが多かったはずです。

その二つには、江戸時代は耳で聞いて通じればそれでよかった〈耳の時代〉だったのです。正しい表記にこだわらなかった。平仮名さえも数種の万葉仮名で表記されたことは周知でしょう。固有名詞であっても「孫次郎」が「孫二郎」と自著することなど珍しくはなかった。現代人が、相手の名を聞いて「どんな字を書くのですか?」と尋ねるのは、現代が〈目の時代〉であるためです。

加えて、社会意識としての俗字・通字が横行していた時代でした。古文書に頻出する「百姓」は、その九割方は「百性」と書かれています。「出精」も多くは「出情」です。これは、明らかな誤字ですが、当時は皆がそのように書いていたのですから、誤字とも言い切れない、言わば俗字・通字なのです。

現代でも、本来は「独擅場(どくせんじょう)」であるべきところを「独壇場(どくだんじょう)」と書くようなものです。「独り擅(ほしいまま)にする場」ですから、「独擅場」でなければならないはずですが、これだけ広まってしまえば如何ともしがたい。〈目の時代〉の現代でさえこれなのですから、いわんや〈耳の時代〉においてをや。言葉や文字は生き物なのです。

その三つ目。当て字も自由自在でした。たとえば、「難しき」なら「六ヶ敷」と書くのが普通です。「苦労」を「黒」と書くクイズのような当て字もありました。ある古文書に「九十々々」と書いてあり、それを翻刻した史料集では、さすがに「きゅうじゅうきゅうじゅう」と読むわけにもいかず、「きっと〱」と注記していました。「きゅうとぉきゅうとぉ」と読んでの推理だったのでしょうが、それでは文意がとれません。そこで、これを「つくづく」と読んでみると文脈的にも自然なのです。この読みのヒントは「九十九湾(つくもわん)」でした。このような当て字が日常的に駆使されているのですから、なんとも厄介な、いや、楽しい時代でした。

落語が大好きだった夏目漱石(一八六七〜一九一六)も、右のような文字表記の文化のなかで育ちました。イギリス文学者の清水一嘉先生が、漱石の日記について面白い指摘をしたことがあります(「『小便所ニ入ル』—漱石ロンドン日記の疑問」『図書』岩波書店、一九九九年十二月号。のち『自転車に乗る漱石』朝日選書、二〇〇一年)。清水先生は、夏目漱石がロンドン滞在中の日記(『漱石全集』岩波書店)の明治三十四年五月十六日条に「小便所ニ入ル」とあるのに疑問を持ちます。前後の文脈になじまないうえに、そもそも、日記に「小用」を記録するだろうかという疑問です。

そこで、日記の原本を確認したところ、豈図(あにはか)らんや、全集の翻刻ミスではなく、たしかに「小便所」と書いてあったそうです。そこで、清水先生はこれを「小使所」と読み替えて「小使部屋」か「女中部屋」の意味にとれば文意が通じると考えたのです。

このエッセイが発表された直後に、毎日新聞の「余禄」（一九九九年十二月二日付）が「文学史上の大発見だ」と評価するとともに、「清水さんは『小便所』となった理由を書いていないが、漱石の字が個性的だったせいだろう。」と推測していました。しかし、これは漱石の個性的な字のせいでもなければ、漱石のうっかりミスでもありません。

なぜなら、江戸時代には「小使」を「小便」とも書くことはざらだったからです。「百姓」を「百性」と書くのと同じように、俗字として通用していたのです。このことについては、『寅年大新版 文字書ちがひ見立相撲』（刊行年未詳）（図6）な

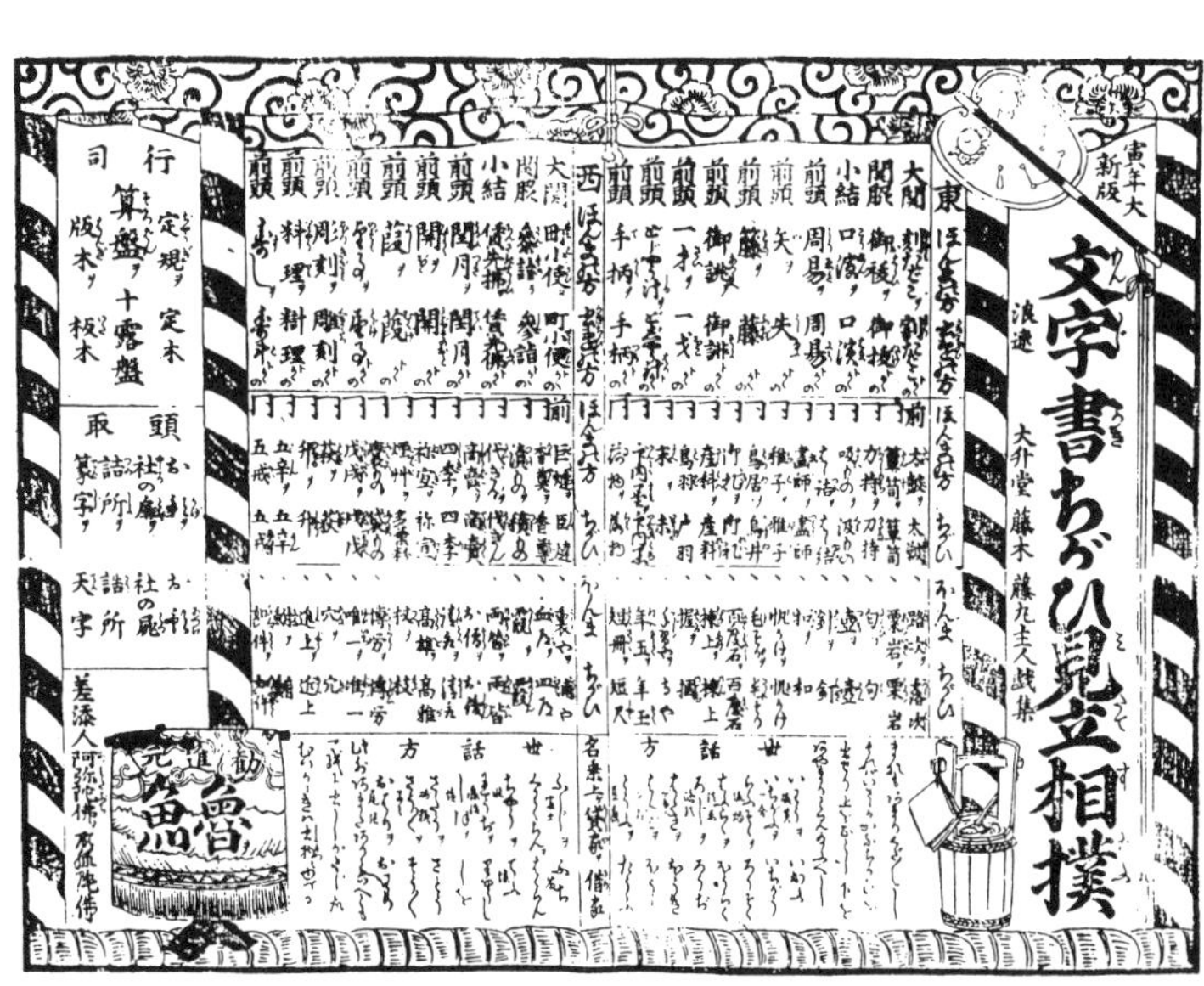

図6　『寅年大新版 文字書ちがひ見立相撲』

る「見立番付」が証明してくれます。「見立番付」とは、世上の様々な事象や物品などの優劣や大小などを、相撲の番付に見立てて格付けした木版の一枚物で、江戸後期に流行しました。

この「見立番付」では、世間に広まっていた俗字・通字や誤字を格付けしています。東の大関は（当時は「大関」が最高位です）、「刻たばこ」を「割たばこ」と書く間違いです。たしかに「刻（きざみ）」と「割」の崩し字は似ています。関脇は「御祓」と「御抜」で、小結は「口演」と「口浜」です。「浜」は旧字の「濱」でしたから、「演」と区別しにくかったのです。

そして、西の最高位の大関が、「町小使」と「町小便」なのです。「小使」を「小便」と書くのは、日常的に通用していた俗字だったのです。漱石が使用したのも宜なるかな。

ちなみに、この「見立番付」の東の前頭六枚目には「どじょう汁」と「どじょう計」が挙がっています。「汁」の三水（さんずい）と、「計」の言偏（ごんべん）は、崩し字ではほとんど区別がつきません。この二字の読み間違いについては、落語『東の旅　発端』に扱われています。喜六・清八が煮売屋の品書きに「どぜう汁」とあったのをみて「どぜうけ」を注文するのです（「どぜう」は「どじょう」）。「け」は「計」の草書から生まれた平仮名です。「汁」と「計」と「け」の混同については、寄席のお客の中に「解る、解る」という同感の微笑を生んだに違いありません。

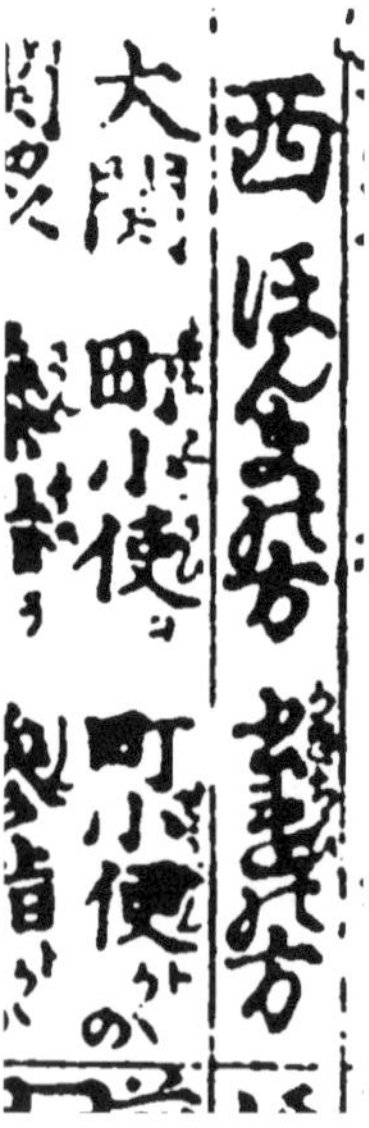

図6の拡大

このように、江戸時代には俗字や誤字さえも受け入れる寛容な文字表記の文化があり、それが落語の笑いを豊かにしていたともいえるのです。しかし、明治三十三年（一九〇〇）の「小学校令施行規則」によって、それまで複数の変体仮名を混用し、当て字や俗字を許容してきた文化が見直され、同規則の第十六条において、仮名・漢字の表現が制限されました。仮名にも漢字にも〈正しい表記〉が法で定められ、それ以外は〈間違った表記〉として否定されました。淋しい時代になったものです。

コラム⑧ 鰻丼読み

新型コロナ対策についての政府の定例会見（二〇二一年四月二十七日）で、官房長官の漢字の読み間違いが話題になりました。次の原稿のどこをどのように誤読したのかお解りになりますか。

寄席を含む劇場等に対し無観客開催を要請している。

いずれも簡単な漢字で、読み違えようがないようにも思いますが、過去には「踏襲」を「ふしゅう」、「未曽有」を「みぞうゆう」と呼んだ総理大臣もいましたからね、さて。

「寄席」を「よせき」と読んだのです。たちまち、ツイッター上に「こんな奴に無観客を要請されたくない」という怒りの声が起こりました。なかには、『よせ』は業界用語だから、そんなに目くじらを立てなくても」という擁護の声もありましたが、それをいうなら、官房長官に「落語ファンを自称するのは止めて」というべきでしょう。

たしかに、「席」の読みは一般的には「せき」であって、「せ」と読むのは例外的な読みのようです。首席を「しゅせ」、即席を「そくせ」とはいいませんからね。

しかし、このような一部を省略した読み方は、他にも少なくありません。落語関係では、演目の『妾馬』は「めかけうま」ではなく「めかうま」（ときには「めかんま」）と読みます。『狸賽』も

「たぬきさい」ではなく「たぬさい」です。落語家の名も、「笑福亭松鶴」は「しょうかく」ではなく「しょかく」、「鶴光」は「つるこう」ではなく「つるこ」、「鶴瓶」も「つるべい」ではなく「つるべ」という具合です。

このような省略した読みは、「鰻」に典型的に見られます。「鰻丼」は「うなぎどんぶり」ではなく「うなどん」です。白焼きの鰻と胡瓜の三杯酢の「鰻作」は「うなぎさく」でも「うなさく」でもなく「うざく」。これを「うなぎづくり」と読んだのでは、「鰻の造り」のようになってしまいます。「鰻巻」も「うなぎまき」「うなまき」ではなく「うまき」です。ただし、大阪の地名「鰻谷（大阪市中央区）」は、すなおに「うなぎだに」と読み、そのまま落語の演目にもなっています。

漢字の読みについては、熟語の場合に限って、個々の漢字の読みとは異なった読みをすることがありますが、これは「熟字訓」といいます。「老舗」を「しにせ」、「田舎」を「いなか」、「七日」を「なぬか」と読む類です。「七日」については、「七（な）日（ぬか）」と漢字に当てて読み、恥をかく小咄もありました（六五頁参照）。

「熟字訓」では、個々の漢字の読みにとらわれないのに対し、「寄席」や「鰻丼」の場合は、個々の漢字の読みを踏襲したうえで、読みの一部を省略しています。そこで、このような読み方を「鰻丼読み」と名付けたいと思います（それとも、日本語学では命名済みかしらん）。

ためしに、牧村史陽編『大阪ことば事典』（講談社学術文庫、一九八四年）を繰ると、大阪弁の「鰻丼読み」がたくさん載っています。「行灯（アン・ド）」「玄関（ゲンカ）」、「小便（ションベ）」「大根（ダイコ）」、「当世（トォセ）」、「南蛮（ナンバ）」、「貧乏（ビンボ）」という具合です。私も子どものころに、「ションべたれ」とからかわれた記憶があります。「大根」の読みについては、江戸っ子たちは次の狂歌で揶揄しています。

大根と 付くべき文字を 付けもせず いらぬ牛
　蒡をごんぼぉという

「大根」の「ん」を「牛蒡」に付けているというのです。この狂歌のヒントになったらしい笑話が、『正直咄大観』（一六九四年）に載っています。読み易く表記を整えて挙げておきます。

お手前が、大根・牛蒡を売るに、「だいこ・〳〵」と詰めて呼ばれたは合点がいかぬと問う。それもご尤もなれども、あとの牛蒡を売るとき調子を伸ぼせんために、「だいこ」と詰めて、その撥ねしを「ごんぼん」と申して呼びくせが良うござる。牛蒡を撥ねるために大根を詰めました。

牛蒡を「ごんぼぉ」「ごんぼ」と発音するのは、鰻丼読みではありませんが、大阪生まれの私には懐かしい響きです（「ごんぼん」は聞いたことがありません）。なお、秋田地方では、地中深く根をはった牛蒡を掘る作業は骨が折れることから、駄々をこねることを「ごんぼほる」というそうです。「ごんぼ」は大阪に特有という訳でもなさそうですね。

面白いのは、大阪では「牛蒡の天ぷら」を「牛蒡天」と略す時の読みは、「ごぼうてん」でもなく、「ごんぼてん」でもなく、「ごぼてん」と、「鰻丼読み」になるのです。

最後に、近年に新しく生まれた「鰻丼読み」を紹介しておきましょう。それは、「モーニング娘。」の略称である「モーむす」です。「モーむすめ」ではありません。もっとも、古くは、他所の親しい娘さんを「御娘（おむす）」といいましたから、「モーむす」も伝統的な「鰻丼読み」だと言えなくもないか。

五、水の都のお花見

はじめに

お花見は、落語の舞台にふさわしいようです。その華やいだ場の雰囲気が笑いを引き出しやすいからでしょうか。あるいは、職業・身分や老若男女を問わず、誰が登場してもおかしくない場であるからかも知れません。

上方落語で花見と言えば、『桜の宮』『百年目（ひゃくねんめ）』『貧乏花見（びんぼうはなみ）』などが思い浮かびます。これらは、江戸時代に大坂随一の花見の名所だった「桜宮」が舞台です。「桜宮」とは、現在も大川東岸に鎮座する「桜宮」（通称、桜宮神社）の神社名ですが、その辺りの地名（現・都島区中野町）にもなっています。そして、桜宮は日本最初の「花見の名所」だといいます。いや、「群桜」「飲食」「群集」の三要素が揃う「花見」は日本にしかないそうですから、世界最初の、というべきでしょうか（白幡洋三郎『花見と桜』八坂書房、二〇一五年）。

神社「桜宮」の社伝によれば、もとは野田村（現・都島区）の「桜の馬場」（『摂津名所図会大成』〈一八五六年〉では「桜野」という）にあったが、江戸前期の洪水によって社殿が流出し、その漂着地に再建された後、宝暦六年（一七五六）に現在地に遷されたといいます。往時の地名にちなんで神社名を「桜の宮（桜宮）」としたことから、やがて、境内外に数多くの桜が植えられ、「浪花において花見第一の勝地」（『摂津名所図会大成』）になるのです。

その対岸（西岸）に伸びる「木村堤」にも十九世紀中頃には桜並木が連なり、さらに南方に位置する津藩（藤堂藩）の蔵屋敷でも八重桜（里桜）が育てられました。結果、このあたりの大川両岸にも、船上にも花見客がひしめいたのです。

都下の老若、陸を歩み、船にて通い謳うあり、舞うありて紅日西に没っするを知らず。実に、浪速において、陸宴の最上花見の勝地というべし。

（『淀川両岸一覧』一八六一年）

明治四年（一八七一）に津藩蔵屋敷跡に造幣局ができると、蔵屋敷の桜は受け継がれ、明治十六年（一八八三）には造幣局の「桜の通り抜け」が始まります。明治十八年（一八八五）の大洪水によって両岸の桜は枯渇してしまいますが、大正十二年（一九二三）には、その東岸に「毛馬桜之宮公園」が整備され、また西岸の造幣局にも桜が復活されて現在に至っています。

1、落語『桜の宮』と『百年目』

まず、落語『桜の宮』から見ていきましょう。

稽古屋の仲間が、花見を楽しむ趣向として、敵討ちを演じようと相談する。西国三十三ヵ所巡礼に扮して仇を探す兄弟や、仇の浪人、仲裁に入る六部の役を分担し、大川の東岸と西岸に別れて桜宮に向かう。花見の場で偶然に出会ったふうに敵討ちの芝居を始めるが、そこに事情を知らない本物の侍が助太刀に加わり大騒ぎとなる。

先に、花見の場には誰が登場してもおかしくないと言いましたが、この落語でも、大勢の花見客（当然、武士や町人・百姓たちが混在したはずです）が見守るなか、西国巡礼や浪人や六部（ろくぶ）（巡礼僧。六十六部とも）たちが一芝居をうつ趣向に、なんの違和感もありません。花見の席には誰もが相応しい、今も昔もそうなのです。

彼らは二手に分かれて桜宮へ向かいます。その一方は、天神橋を右岸に渡って北上し、寺町通りを東に折れて、木村堤の中ほど「源八（げんぱち）の渡し」で大川を左岸に渡り、桜宮に至ります。もう一方は、天神橋南詰めの左岸を東へ進み、八軒家から京橋・御成橋（備前島橋）を渡って、網島を経由して桜宮を目指します。二手ともに徒歩です。

この「源八の渡し」は、天満から桜宮の桜を楽しむ客に活用されたのですが、桜の盛りの頃には、桜宮から対岸へ期間限定の渡船「桜の渡し」も出たといいます。その賑わいのほどが解ります。

ここで、「右岸・左岸」に寄り道させてください。河川の右岸・左岸とは、下流に向かっての右・左です。川の「源流」や「合流」と言う場合も、同じ方向性による呼称です。川は山から海に流れ込むのです。何を当り前のことを、と言われそうですが、逆方向の言語もあるのです。例えば、アイヌ語では、川は海から山に伸びていると考えます。「水源地」を指す「pet-etok」は、川の「帰着点」を意味し、合流を指する「pet-e-ukopi」も「分岐」の意です。アイヌ民族は、海岸に住み、川を遡って鮭や鱒、熊や鹿を狩漁したため、川は海に始まり山で果てると考えました。ですから、アイヌ語の「右岸・左岸」は、上流に向かっての右・左なのです。

このように、「右岸・左岸」は民族の生活習慣に根ざした表現なのですが、落語の観客には、自身の向いている方向の右・左だと思っている方も少なくないようです。そのため、落語『桜の宮』では、右岸を「天神橋の北詰を東へ」、左岸を「天神橋の南詰を東へ」と言うように、誤解を避ける表現がされています。

次に、落語『百年目』における花見の様子をみてみましょう。船場の大店の番頭が花見に出かけるのですが、東横堀から桜宮まで船で向かいます。

表向きは律儀な堅物、裏では大変な遊び人の番頭が、商用のふりをして、芸者や太鼓持ちを伴い桜宮へ花見に出かける。一行は、屋形船で大川を遡行し、桜宮で下船し戯れているところを、折から花見に来ていた大旦那たちと出会ってしまう。翌日、親旦那は番頭に対して仏教用語の「旦那（＝檀那）」を語釈しながら、旦那と奉公人の関係を説く。

後段の親旦那の説教については、前著『上方落語史観』で触れましたので省略します。いまは、番頭が芸者や太鼓持ちとともに同乗して、船中の宴を楽しみながら桜宮へ向かっていることに注目したいと思います。親旦那の一行も、桜宮までは船路だったにちがいないのです。

『桜の宮』の稽古仲間の長屋に住むような庶民は徒歩で、大店の旦那や番頭のような余裕のある町人は船で桜宮へ向かったようです。その意味では、落語『貧乏花見』は、長屋の連中が桜宮へ繰り出すのに、お酒ではなくお茶け、卵焼きではなく香々の漬物、御頭付きも鯛ではなくダシジャコで我慢の花見弁当ですから、これはもう船をチャーターするような余裕はなく、とうぜん陸路だったのでしょう。

2、錦絵と日記に見る桜宮

落語は「笑わせて何ぼ」の作り話だと思い込んでいる方には、落語に描かれた情景をテキストにして、陸路か船路かを論じたのでは納得できないかもしれません。

そこで、当時のリアルな日記からも花見の様子を拾い上げておきましょう。江戸後期の横山桂子の日記『露の朝顔』（藪田貫「横山桂子『露の朝顔』―江戸の武家女性が見た大坂と上方―」『なにわ・大阪文化遺産学研究センター２００６』）にも、桜宮の花見の様子が記されています。ちなみに、桂子の夫は、大坂西町奉行を勤めた内藤矩佳（のりとも）（在位一八二〇～一八二九）です。読みやすくするために、表記を改めて紹介します。

　弥生半ばの頃、桜の宮の賑わい大方ならず。淀川に沿いて二丁余り（二百余ｍ＝筆者注）桜植え並びたれば、舟にて行もあり、陸より行も。おのがじし（銘々に＝筆者注）花の本に氈（もうせん）を敷いて唄うあり、舞うあり、いと目覚めるばかりになむ

「舟にて行もあり、陸より行も。」の表現に注目したいと思います。やはり、船から陸から桜を愛でるのが〈水の都〉大坂の花見だったのです。先の『淀川両岸一覧』の「陸を歩み、船にて通い」に符合します。

　もう一点、日記を紹介しましょう。大坂代官の竹垣直道（在位一八四〇～一八四八）も、桜宮の花見を日記に記しています。直道は、弘化二年（一八四五）二月二十五日の夕刻に、川崎辺りの大川西岸から「桜宮の桜花を遠望、社前の花は満開、山桜の単はすべて開き、その余は未だ開かず」と記し、三日後の二十八日にも、川浚えの見回りの帰路に船上から桜宮を眺め「一望山桜」と満足げに記録しています（藪田貫編『大坂代官竹垣直道日記』なにわ・大阪文化遺産学叢書）。二日をかけて、陸と船か

図7　初代長谷川貞信画『浪花百景之内 桜乃宮春景』

ら花見を楽しんだのです。

このような次第ですから、桜宮を描く錦絵には、必ず多くの花見船が浮かんでいます。歌川国員（くにかず）「浪華百景 さくらの宮景」は、船上で三味線を弾きながら楽しむ人たちの背景に、数多くの花見船が浮かび、その向こう岸には桜宮の鳥居と社殿が望めます。

また、初代長谷川貞信『浪花百景之内 桜乃宮春景』（図7）も、桜並木に平行するように航行する何艘かの花見船を描き、次のように説明しています。

> 桜宮の春景は前に淀川の流れをひかえ、屋形・家根船数をつどえて諷（うた）うあり、舞ありて、哥妓（芸者＝筆者注）の妙音川風につたえ、実に浪花の一佳景といいつべし

以上のように、桜宮では花の下に毛氈を敷いた集団だけではなく、花見船からも、飲食に歌や舞で楽しんだのです。

このような陸と船による花見の楽しみ方は、桜宮だけに限ったことではありませんでした。先ほどの落語『桜の宮』の冒頭では、花見に誘われた男が、「よろしいなぁ。天保山に源八、色々あるけど、今年は桜の宮がえぇらしいでんな」と応えています。江戸時代の大坂では、桜宮と天保山と源八が花見の三大名所でしたが、源八も天保山もやはり陸と船から桜を愛でる地だったのです。

3、源八と天保山の花見

「源八」は、「源八の渡し」あたりの大川両岸を言い、その名は、川中にあった中洲「源発洲」に由来します。右岸の天満源八町（天満橋二丁目）と左岸の中野村（都島区中野町）を結ぶ渡し船でしたが、現在は源八橋が架かっています。右岸の源八町の南北に伸びる木村堤、さらに南方の津藩蔵屋敷あたりまで桜並木が連なっていたことは先にお話ししました。左岸の中野村には梅林があり、与謝蕪村の「源八を渡りて梅のあるじかな」の句は、この梅林を詠んでいます。

落語『桜宮』では、二手に分かれた一方は大川左岸を歩いて桜宮へ行くのに、もう一方は右岸から源八の渡しで大川を渡り、桜宮に向かっていました。このことでも解るように、源八と桜宮は隣接、というか連続した花見の名所だったのです。

「天保山」は、天保二年（一八三一）から始まった安治川における「天保の大川浚え」に伴ってでき

た人工の山です。安治川は、当時の淀川（現・大川）の下流として大阪湾に流れ込んでおり、このとき浚渫した土砂を河口に積み上げたのです。現在、「日本一低い山」を謳っているように、山というよりは、小さな丘と言った方がいいかも知れません。落語『愛宕山』では、京の愛宕山に登る室町の旦那と、そのお供の大坂の太鼓持ちが次のような会話を交わします。

旦那「大坂には山がないから、大坂者は山に弱い」

太鼓持ち「大坂にかて山はおます。天保山に真田山・茶臼山・・・。」

旦那「あんなもん山やあれへん、あれは地べたのデンボ（おでき）

図8　歌川貞升画『浪花天保山風景』

みたいなもんや」

天保山は真田山・茶臼山とともに、京都の旦那からその低さを嘲笑されます。もともと海だった地が陸地化したのが大阪平野ですから、「山がない」のも当然です。それでも、天保山が完成すると、山頂から山腹にかけて、桜や松の木が植えられ、天保山に渡る万年橋の辺りは「松桜、左右に連なり、その中を通行の道」（『天保山名所図会』）として、物見遊山の客目当ての飲食店も開かれ、大坂有数の遊楽の地となりました。

　江戸後期の狂歌師・西田負米（ふまい）（耕悦）の風聞集『反古篭（ほごかご）』には、天保山が完成した天保四年（一八三三）三月の記事が見えます（大阪市史史料 第八十四輯『反古篭』）。

天保山全出来上り、殊之外賑はしく、川べりには日々二百艘・三百艘の家形茶船、見物群集陸路よりも数万人毎日〳〵の賑い

「地べたのデンボ」と揶揄されるような人工の小丘に、見物の船が二、三百艘、陸路の群衆が数万人という賑わいをみせるのは、花見の場にふさわしく整備されたからです。暁鐘成『天保山名所図会』（一八三五年）は、花見の様子を「並木の桜咲き匂ふ頃は、遠近の遊客ここに打ちむれ、酒宴を催し、詩歌連俳に風流を楽しみ、糸竹のしらべにうかれ、春の遅日を戯ぶれ暮らし」と記しています。

歌川貞升『浪花天保山風景』（一八三三年、**図8**）には、天保山を登る人々や茶店の客や、天保山への通い船などが賑々しく描かれています。山頂（丘頂というべきでしょうか）には望遠鏡で海上の船を眺める人もいます。海辺の小山ですからかなり遠望できたようです。このような陸と船の両方から花見を楽しむ図様は、貞升のアイデアというよりは、江戸時代の大坂における花見の定番だったことは先に指摘したとおりです。

おわりに

桜宮・源八とともに天保山も、花見客は歩いて、そして乗船して、桜を楽しんだのです。川岸に咲

き誇る桜並木の下を歩くのもよし、水面に映る桜を船から愛でるもよしというところです。落語の登場人物たちは、それを当り前に楽しんでいました。

特に船上から楽しむ花見は、我が国の古くからの文化を受け継いでいるようです。本体を直視するのではなく、水面を介して楽しむ文化は古くからありました。平安時代に成立した天神信仰は、当初は星に疫病退散を願う星辰信仰でしたが、夜空を見上げるのではなく、星を川や池に映して崇拝する文化だったのです。大阪天満宮の近くには、かつては明星池・星合池・七夕池の天満三池があり、三池の中心に天満山がありました。山とはいっても、小高い丘なのですが、この丘の上から三池に映る星に祈ったのです（拙著『奇想天外だから史実―天神伝承を読み解く―』大阪大学出版会、二〇一六年）。

月見の夜には、水をたたえた黒塗りの盆を縁側に置き、そこに映る月を室内から愛でたものです。葛飾北斎も描いた「逆さ富士」もこの延長線上にあるとしたら、船上の花見は、「逆さ桜」を楽しむものだったのかも知れません。

現代の大阪の花見といえば、大川に沿って植えられた桜並木の「造幣局の通り抜け」です。そして、「お花見クルーズ」では大阪城公園から毛馬（けま）桜宮公園の大川沿いの桜並木を船上から楽しむこともできます。川面に映る「逆さ桜」を愛でたいものです。

コラム⑨ 桜の枝を「捻じる」

古典落語の史層に横たわっている江戸後期・明治期の風俗や習慣については、もはや現代では理解しにくい、できないことも、多くなってきました。そのため、古典落語を口演するときには、現代でも楽しめるように、様々な工夫がほどこされています。

最も多いのは、解りにくい言葉を別の表現に置き換えることです。本書「序」でも、「御番所→奉行所」「烏賊→凧揚げ」の例を挙げましたが、このような単語の置き換えには不向きな場合もあります。落語『子は鎹』では、慣用句の「子は鎹」がオチに使われるので、「鎹」を別語に置き換えるのは難しい。そこで、噺の冒頭で「鎹とは、ホチキスの針を大きく太くしたような釘で、二本の建材を繋ぎとめるときに使います」というように説明するのです。

落語『時うどん』は、江戸時代の時刻の数え方が重要な意味を持ちますが、現代人には解りにくいので、「現在の零時が九つ、その後は二時間ごとに八つ、七つ、六つ、五つ、四つと減っていき、十二時に再び九つになります」という具合に説明を加えます。このように別語に置き換えたり、補足説明したりすることは、落語が生き残るために必要なことでしょう。

しかし、落語『隣の桜』では、一番のキーワードが現代に通用しなくなったために別語に置き換えて口演するのですが、結果として噺の流れに齟齬が生じています。まずは、その粗筋から。

> 旦那は自家の桜が塀越しに隣家に伸び、同家の学者がその枝を折っていることに気付く。そこで丁稚を隣家へ遣わし枝を折らないように申し入れる。しかし、学者は「塀越しに　隣の庭へ　出た花は　捻じょと手折ろと　こちら任せ」という歌で拒否してきた。一計を案じた

旦那は、自庭で花見を催し、学者が塀の上から覗くのを待つ。その賑やかさに惹かれた学者が覗き込むと、待ち構えていた番頭が学者の鼻を釘抜きでグイッと捻じる。

そして、旦那は学者に「塀越しに 隣の庭へ 出た鼻は 捻じょと手折ろと こちら任せ」と返歌してオチになります。学者の歌を転用して仕返しするのが面白い噺です。

しかし、この歌では、全体を流れる表現に不調和が生じます。枝が折られていることに気付いた旦那は「うちの大事な桜の枝を折ってくさる」といいます。初代桂春団治（一八七八～一九三四）の音源を聴いても、「桜をむさんこ（むやみ）にお折りになる」とか、「桜をボキボキ折りくさる」と言っています。隣の学者は桜の枝を「折った」のです。塀越しに伸びてきた枝を処分するのですから、「切る」か「折る」しかないでしょう。

それなのに、学者は、桜の枝を切ったことを正当化するための歌を「捻じょと手折ろと こちら任せ」と詠んだのです。表現の不調和というのはここなのです。学者は、なぜ「切ろうと手折ろと こちら任せ」と詠まなかったのでしょう。桜の枝を「捻じる」といったのでは、しっくりしません。

それに、番頭の行為も、釘抜きを使ったのなら、学者の鼻を「グイッ挟んだ」と言うべきなのに、「グイッと捻じ」ったと言われると違和感があります。

なお、「釘抜き」と聞いて、L字型のバール（かなてこ）を思い浮かべる観客も多いようです。正しくは、ヤットコ（鋏）型のエンマ（閻魔）で挟み捻ったのですが。この誤解を避けるために、ある落語家さんは、「昔の釘抜き、あのペンチみたいな恰好した釘抜きですが」と補足説明しています。ヤットコ型の釘抜きを閻魔というのは、地獄の閻魔大王が嘘つきの舌を抜くときに使うことによります。閻魔はさておき、なぜ学者は桜の枝を捻じり、番頭も学者の鼻を捻じったのか。

実は、この噺の原話では、番頭が持っていたのは「釘抜き」ではなく、「鼻捻じ」だったのです。「鼻捻じ」とは、暴れる馬を制御するための道具の名です。五十cmくらいの棒の先端に輪状の紐を付け、その輪を馬の鼻に掛けて捻じって馬を大人しくさせたのです。正しくは「鼻」ではなく「上唇」を捻じるのですが、「馬の鼻先に人参」というのと同じく、口を含む鼻です。

この落語は、別名を『鼻捻じ』とも言いますが、それは番頭が学者の「鼻を捻じった」ことによるのではなく、番頭が学者を懲らしめるために使った道具を意味していたのです。江戸時代には、武士・百姓・町人を問わず、馬は不可欠の輸送手段でしたから、「鼻捻じ」も周知の日常道具でした。

江戸中期の小咄本、木室卯雲（一七一四〜一七八三）の『鹿の子餅』（一七七二年）にも、「鼻捻」という小咄が載っています。

鼻捻

殿の御好みで出来た鼻ねじり、お預け遊ばされたにより、紙袋をこしらえ、これに入れて御次の間に掛けたところ、白うて見とむなければ、「御鼻ねじり」と書き付けたが、御鼻ねじりでは、旦那の鼻をねじるようなれば、書き直して「鼻御ねじり」。（『鹿の子餅』『近世笑話集（中）』岩波文庫、一九八七年）

殿様から預かった「鼻捻じ」を白い紙袋に入れて置くだけでは、白くて見っともないので、「鼻御ねじり」と書いたというのです。「鼻御ねじり」は、色違いの二本を捻って据える鼻緒に響かせているのですが、それはともかく、このような小咄が成り立つのは、江戸時代には、誰もが「鼻捻じ」を知っていたからです。

奉行所の捕り手が持つ警棒状の捕具も、その形状の類似から「鼻捻」と呼ばれました（『十手・捕縄事典』雄山閣出版、一九九六年）。それほどに

「鼻捻じ・鼻捻じり」はよく知られた名称だったのです。

ですから、江戸時代にこの落語を聞いた観客は、学者が「捻じょと 手折ろと」と詠んだのは、「鼻捻じ」に響かせるためだと気付いたうえで楽しんだのです。この落語のキモは、馬の鼻を捻じるはずの「鼻捻じ」で、学者の鼻を捻った面白さだったのです。

しかし、明治以降、鉄道や自動車の普及により馬の役割が減少すると、「鼻捻じ」を知る人も少なくなりました。「鼻捻じ」が死語となった現代に、そのまま口演したのでは多くのお客が理解できない。そこで「鼻捻じ」を「釘抜き」に置き替えたのですが、その結果、「切る」か「折る」しかないはずの桜の枝を、「捻る」と表現することの不自然さが生まれたという訳です。

なお、「鼻捻じ」は死語であるかのように言いましたが、正確には、馬術や競馬や獣医の世界では、現在も「鼻捻じ」あるいは「鼻捻棒」の名で現役の道具だそうです（戦前までは、陸軍でも「鼻捻子」の名で使用していました）。競走馬がゲートに入るのを嫌がったときなどに鼻（上唇）を軽く捻じって制御し、獣医が注射を打つときなどにも鼻を捻じって大人しくさせるのです。

江戸時代には、鼻を捻じられた痛みによって馬は大人しくなると考えていたようですが、現在では、鼻を刺激されると脳内にエンドルフィンという脳内伝達物質が分泌されて快楽状態になって鎮まると理解されています。隣の学者が鼻を捻じられて快楽を感じたか否かは解りませんが。

コラム⑩「晦日の月」も出る

あり得ないこと、あるはずもないことを意味した「晦日の月」は、いつの間にか使われなくなりました。月の周期に基づいた旧暦（太陰太陽暦）では、日付と月の満ち欠けが符合していましたから、毎月三日には三日月が、十五日には十五夜の満月が出て、毎月の最終日である晦日は「月の出ない闇夜」でした。「晦」は「暗い」「闇」を意味します。

さて、落語『吉野狐』に、次のようなセリフがあります。

昔から歌にもあるよぉに「女郎の誠と、玉子の四角、あれば晦日に月も出る」てなことが言ぅたぁったけどな、近頃は晦日に月も出るよぉになったし（下略）。

「女郎の誠と、玉子の四角、あれば晦日に月も出る」は、長唄『教草吉原雀（おしえぐさよしわらすずめ）』（一七六八年）の歌詞から採られたものです。「晦日に月が出ないように、四角い玉子がないように、誠実な女郎なんているわけがない」という、女郎への偏見に根ざした言いぐさなのですが、江戸時代に狂言や歌舞伎などのセリフにもなって広まり、上方落語『辻占茶屋（つじうらちゃや）』（江戸落語では『辰巳の辻占』）にも、このフレーズのまま登場します。

さて問題は、引用後半の「近頃は晦日に月も出るよぉになったし」です。これを正しく理解するには、落語『吉野狐』が、明治四年（一八七一）ころに二代目を襲名した林家菊丸の作だということを知らねばなりません。なぜなら、菊丸襲名の二年後、明治六年に新暦（太陽暦）が施行されているからです。正確には、旧暦の明治五年十二月三日が、新暦の明治六年一月一日と定められたのです。

これ以降、（旧暦の一ヵ月は二十九日か三十日でしたから）毎月の日付と月の満ち欠けはズレていきます。それでも改暦当初は、旧暦の「三日」が新暦の「一日」になっただけでしたが、次第にズレが大きくなり、翌明治七年四月三十日は、旧暦の三月十五日にあたるため満月でした。それまで明治維新を実感できなかった人里離れた一軒家の人でさえ、この夜の「晦日の満月」には「御一新」を再認識させられたといいます。

　旧暦の日付が月の満ち欠けに符合したことは、基本的に月の引力が引き起こす潮の満ち引きにも連動したことを意味します。毎月の新月（一日）と満月（十五日）の前後数日は、潮の干満の差が大きな「大潮」というように、日付によって潮の動きが決まっていたのです。

　大阪天満宮の夏祭「天神祭」は、御神霊が船で大川を往復する船渡御（ふなとぎょ）で有名ですが、江戸時代には毎年の六月二十五日に斎行されてきました。毎月の二十五日の潮は「長潮」と呼ばれ、干満の差が小さく、満ち引きも緩やかで、船渡御に最も適した日だったのです。しかし、新暦の現在では、月遅れの毎年七月二十五日に斎行されますから、年によっては大潮にあたり、百艘もの艤装した船が橋下を通過するのに難儀しているのです。

　落語に戻ります。「近頃は晦日に月も出るよぉになった」のセリフには、旧暦から新暦に変わった当時の人々の「なんやこれ?」という戸惑いが込められ、聴いているお客たちも「そうだったなぁ!」と共感したのです。現行落語では「女郎の誠と…」の下りは受け継がれていますが、「近頃は晦日に月も…」のフレーズは省かれます。

　落語『七段目（しちだんめ）』にも、晦日の月に関わるセリフがあります。親旦那から、芝居好きを説教された若旦那が芝居口調で言い返します。

　　晦日に月の出る郭（さと）も、闇があるから覚えていろぉ〜

歌舞伎『曽我綉侠御所染（そがもようたてしのごしょぞめ）』（一八六四年）のなかで、侠客（きょうかく）の御所五郎蔵が、恋敵の星影土右衛門に向かって言う有名なセリフを借用したものです。遊郭は月の満ち欠けに関係なく、夜な夜な灯りがともり、晦日であっても明るく照らされている。そんな遊郭でも、どこかに灯りの届かない暗闇があるというのです。その暗闇で「仕返しをするぞ」というような脅しですから、現代なら「月夜ばかりと思うなよ」というところでしょうか。

落語『近江屋丁稚（おうみやでっち）』には、十五夜の満月に関わるセリフがあります。近江屋の旦那が、托鉢僧に大きな鏡餅を施すように、丁稚の定吉に命じると、定吉は、餅の半分を懐に入れ、残りの半分だけを僧に手渡した。僧はそれを見て「十五夜に片われ月はなきものを」と呟き、定吉が「雲に隠れてここに半分」と返すのがオチです。十五日の夜に片われ月（半月）は出ないといわれても、現代では何の実感もなくなりましたが、「雲に隠れて」のセリフには、「逢ふ事は かたわれ月の 雲かくれ おほろけにやは 人のこひしき」（『拾遺和歌集　巻第十三』）の歌を思い浮かべたいものです。

『醒睡笑』（一六二三年成立）に載っている次の小咄はその源流に位置するようです。

> 貧々たる坊主の、眠蔵（納戸）より餅の半分あるをもちて児に差し出す。受け取りざまに、
>
> 十五夜の片われ月は未だ見ぬ
>
> とありしに、師の坊、
>
> 雲にかくれてこればかりなり

ここでは、師僧が寺子に餅半分を手渡していますが、落語では旦那から預かった餅を、丁稚が半分に割って托鉢僧へ渡すようにアレンジされています。

その後、太田南畝（おおたなんぽ）（一七四九〜一八二三）の『半日閑話』には、この落語の原話ともいえる西行法師の話が載っています。

> 西行片破れ月の歌
>
> 西行行脚の時、頃しも八月十五日夜、彼岸の節、山里の人家に托鉢を乞い給う。主の女、父の

祥月なれば、下女に申し付けて、大なる餅一ツ与えさせしに、この女、二つに割りて、西行の衣鉢に入れけり、西行、とりあえず、

十五夜に片われ月はなきものを

と口ずさみければ、女、微笑みて餅を片々取出し、下の句、

雲に隠れてここにこそあれ

この「十五夜の片われ月」の類話は、各地の民話に伝えられています（小林幸夫「十五夜の歌―餅と芋の昔話―」『口承文芸研究』第二七号）。それだけ、旧暦の時代には、月の満ち欠けが生活に溶け込んでいたということです。

六、上方落語にみる大坂の武士たち

はじめに

桂米朝（一九二五～二〇一五）の『米朝ばなし―上方落語地図―』（講談社文庫、一九八四年）は、上方を舞台とする落語を地域ごとに紹介しながら、江戸時代の生活習慣や風俗などに蘊蓄を傾けた珠玉のエッセイ集です。

しかし、その「日本橋」の項で「日本橋を舞台にした話には武士がよく登場します」と指摘されているのは腑に落ちないことでした。「町人の都」に生まれた庶民芸能の上方落語なのに、なぜ武士がよく登場するのか、しかも「日本橋」に、という疑問です。

江戸中期の買物案内『難波丸綱目』（一七四八年）によれば、日本橋には、道者宿（遍路・巡礼などの宿）が日本橋北詰に十二軒、南詰に五十三軒もあったといいます。だからといって、落語の武士が西国巡礼中だとは考えにくい。また、江戸後期の地誌『摂津名所図会大成』（一七九八年）は、「往来つねに繁く、両辺には旅舎軒をならべ」とその賑わいぶりを説きます。日本橋界隈は、道頓堀五座に象徴される遊楽の町であると同時に、宿場の町でもあったのです。ということは、米朝が「よく登場します」と言う武士は、公務で大坂に滞在中の武士ではないのか。

藪田貫先生の『武士の町　大坂—「天下の台所」の侍たち—』（中公新書、二〇一〇年。のち講談社学術文庫、二〇二〇年）は、江戸時代の大坂の人口の二％が武士であることを算出したうえで、大坂における武士の職務や暮らしぶりなどを生き生きと描き、大坂は「町人の都」であるとともに「武士の町」でもあったことを論証した快著です。

同書によれば、大坂における武士の居住地を、（A）大坂城内、（B）大坂城周辺、（C）川口、（D）天満、（E）中之島に分類するとともに、一年交代で大坂城に詰める加番・大番衆の旅宿については「東は谷町筋から西は東横堀、北は大川から南は平野町までのブロック」に制限されていたといいます。

これら武士の居住地のどこからも、「日本橋」は離れています。すると、落語の武士たちは、（A）〜（E）から芝居見物に来たのでしょうか、それとも他国から大坂観光に来たのでしょうか。このようなことを気にし始めると、上方落語に登場する武士の動きから目を離せなくなりました。しかし、前著『上方落語史観』では、武士の登場する数点の落語を採り上げただけで、その全体像を見渡すには至りませんでした。

その後、拙著をお読みいただいた藪田先生から、先生の主宰する「大塩事件研究会」で「上方落語の武士たち」について話すように求められたのです。そこで、同研究会では大坂を舞台とする上方落語にうごめく武士たちの姿をできるだけ多く紹介することに努めました（『大塩研究』八四号、二〇二一年二月）。本章はその草稿を大幅に加筆したものです。

以下では、「武士」と「町奉行」「大名」に分類して、上方落語における武士の描かれ方を考えます。その落語の粗筋を追うのは本章の目的ではなく、落語に見える武士に注目したいと考えています。加えて、同じ噺であっても、上方と江戸では武士の描かれ方が異なることなどにも目配りしながら、大坂の武士たちを眺望します。

1、武士の落語

まずは、落語『宿屋仇（やどやがたき）』『尿瓶（しびん）の花活（い）け』『試（ため）し切（ぎ）り』から見ていきます。米朝が、日本橋（にっぽんばし）に武士がよく登場する例として挙げている三席です。

ア、『宿屋仇』 播磨・明石藩（兵庫県明石市）の万事世話九郎（ばんじせわくろう）が、日本橋で宿をとったところ、隣部屋の三人連れ客がドンチャン騒ぎをしていて眠れないので、ある嘘をついて三人を静かにさせます。明石藩は、現在の中之島四丁目（市立科学館西隣あたり）に蔵屋敷を構えていましたが、世話九郎は、この前日には岸和田（大阪府岸和田市）の宿に泊まり、大坂では日本橋に宿をとっています。公務による来坂ではなさそうです。

この上方落語の『宿屋仇』が江戸に伝わると『宿屋の仇討（あだうち）』に改められ、舞台も日本橋馬喰町（にほんばしばくろちょう）の宿に変わります。そして、なぜか世話九郎の所属（藩名）は語られなくなります。「明石藩士」という設定は、明石が上方落語『西の旅・明石』や『明石飛脚』などにも登場するように大坂人に親しみのある地であったことに関わるのでしょうか。

イ、『尿瓶の花活け』　日本橋の宿に泊まっている因幡・伯耆の鳥取藩（鳥取県）の藩士が、宿から少し南下した長町の古道具屋に立ち寄り、「尿瓶」を「花活け」だと勘違いして購入してしまいます。この武士は大坂に二十日ばかり滞在しますが、もし藩命による来坂なら大坂七大蔵屋敷の一つに数えられた同藩蔵屋敷（中之島三丁目、ダイビル本館・関電ビルあたり）に泊まるでしょうから、『宿屋仇』の世話九郎と同じく、私的な旅とみておきましょう。

前著『上方落語史観』では、この噺の元ネタらしい七種の軽口本（笑話集）を紹介しましたが、それらの主人公は「田舎者」「文盲な男」「茶の湯を習い始めの男」「田舎翁」「俄分限者」などに設定されており、いずれも武士ではありませんでした。

しかし、落語になると、この迂闊な男は「鳥取藩士」とされるのです。落語が、権威・権力を揶揄する芸であったことに関わるのでしょうか。だとしても、なぜ「鳥取」なのでしょう。そういえば、上方落語『高津の富』の主人公も、「因州鳥取の在のもん」という設定です。自称「豪商」のはずなのに、富籤に当たってあたふたしてしまう役どころです。鳥取の皆さんには誠に以て申し訳ないのですが、江戸時代の大坂町人による「鳥取」のイメージが影響しているのかもしれません。

この噺が江戸に移されて『尿瓶』になると、この武士の所属は語られず、「田舎出の武士」に変わります。大坂と江戸では「鳥取」に対する印象が違っていたのか、それとも江戸在住の鳥取藩士に対する忖度だったのでしょうか。

ウ、『試し切り』 ある武士が新しい刀の切れ味を試そうと、日本橋の袂で寝ている乞食を叩き斬ります。それを聞いたもう一人の武士も翌晩に日本橋に行き、そこに寝ていた乞食を叩き斬ります。すると、その乞食が「だれや、毎晩ど突きに来る奴は！」と怒鳴ってオチとなります。

この噺の原話である「ためしもの」（『俗談 今歳花時（ことしばなし）』東洋文庫、一七七三年）や「新躮（あらみ）」（『聞上手』一七七三年）では、この男の身分や素性は明かされていませんが、上方落語では「武士」、江戸落語では「田舎侍」に仕立てられます。刀の試し斬りだから武士に決まっているというようなことではなく、やはり武士を揶揄する落語の批評精神が底流にあり、上方・江戸ともに、藩名を語らないのは、なんともドジすぎる武士だからとみておきましょう。

エ、『胴切り（どうぎり）』 落語に出てくる武士の刀が、全て『試し切り』のようなナマクラ刀ばかりとは限りません。『胴切り』の武士は、腕も立ち、切れ味の鋭い刀を持っています。噺の冒頭で、この武士に辻斬された男は、身体を真っ二つに斬られてしまいます。男の下半身はそこに突っ立ったまま、上半身は傍にあった天水桶の上にちょこんと座っている。やがて、上半身は風呂屋の番台に、下半身は麩を踏む職人になるという、なんともナンセンスな噺です。

『試し切り』と同じく短い噺なので、併せて、次に紹介する『首提灯（くびぢょうちん）』のマクラに使われることもあります。そのためか、辻切の場所は、『試し切り』と同じ「日本橋」のようです。六代目笑福亭松鶴（一九一八〜一九八六）は「常安橋」でしたが。

この噺の主人公は上半身と下半身に分かれた男で、辻斬する武士は冒頭に少し登場するだけです。そのためか、その素性などは語られません。江戸落語の『胴切り』では「田舎侍」とされますが、やはり江戸在住の武士への忖度なのかもしれません。

なお、下半身の「麩を踏む職人」は、江戸では「蒟蒻を踏む職人」になります。江戸落語の『蒟蒻問答』が、上方落語の『餅屋問答』になったのに通じます（五三頁参照）。

オ、『首提灯』　先の『胴切り』にも負けず劣らずの不条理落語です。上方落語では、この前半を独立させ『上燗屋』として演じることも多いようです（前半は不条理落語ではありません）。

もとは江戸落語で、酔っ払いの町人が武士に絡んだため、見事な居合で首を斬られてしまいます。しかし、男は斬られたことに気付かず、しばらくして首が落ちそうになったとき、「火事だ」の声が聞こえ、男は自身の首を提灯のように前に捧げて逃げます。

酔っ払った町人は、この武士を「田舎侍」とみて絡むのですが、この噺が上方に伝わると、時代は明治になり、泥棒に入られた男が、夜店で買って来たばかりの仕込み杖で泥棒の首を斬ってしまいます。

では、この原話とされる「盗人の頓智」（『軽口五色帋』一七七四年）をみてみましょう。盗みに入った家の亭主に首を斬り落とされた盗人が、自身の首を懐に入れて逃げようとしますが、それでは前が見えないので、男は首を前に捧げます。

ある所へ盗人入りけるが、亭主、ぬからぬ男にて、用意の一腰（刀）、鯉口くつろげ待ちかけいるとも知らず、居間の襖を開けて入るやいな、ちょうど首を打ち落としければ、盗人、心得たりと、落ちたる首を拾いあげ、懐へ捻じ込んで、こけつまろびつ、漸う門へ出けるが、何が真の闇ではあり、首はなし。一向に一足も歩まれねば、懐より首を取り出し、髻をつかんで差し上げ、

「はい、はい、はい」

また、類話の「すへ切」（『聞上手』）では、剣術の師匠が「すへ切」の技で道行く男の首を切ると、七、八歩先で首がころりと落ちます。

原話の「盗人の頓智」では武士ではない「亭主」だったのが、類話の「すへ切」では「剣術の師匠」になり、江戸落語では「田舎侍」に、上方落語では「泥棒に入られた男」というように揺れ動きます。

提灯を捧げる男が主人公で斬る側は脇役だと考えれば、この揺れに大きな意味はないのかもしれませんが。

カ、『癪の合薬』 船場の嬢はんと女衆が箕面の滝（大阪府箕面市）に紅葉狩りに向かう道中で、嬢はんが癪（腹部の激痛）を起こします。嬢はんの癪は薬缶の緑青を舐めると治るのですが、道中のことゆえ薬缶はない。そこに、頭の禿げた武士が通りかかったので、その禿茶瓶を舐めさせて欲しいと頼みます。

これが江戸落語の『梅見の薬缶』、あるいは『茶瓶ねずり』になると、船場の嬢はんではなく、町内の源さん・八つぁんが、向島の花屋敷に梅見に出かけ、花見に来ていた大店の娘が癪を起こしたために、源さんの禿げ頭を舐めさせてもらいます。

上方の禿げ頭は武士ですが、江戸では町人です。これらの落語に先立つ、薬缶を禿げ頭に見立てる軽口咄としては、「盗人」（『鹿の子餅』一七七二年）があります。この著者の木室卯雲（一七一四～一七八三）は江戸に住んだ幕臣です。

> 盗人の用心に、親父が蔵に寝る。それでも盗人が来て、家尻を切り（壁に穴をあけ）、まず一人が蔵の内へ入れば、外の一人は持ち出す道具を受け取る手はずで、しゃがんでいた。時に親父が目を覚まし、壁に穴の開いたるは合点がいかぬと、件の穴より頭を差し出したるに、外にいる盗人が「むむ、薬缶から先か」と言った。

この「親父」も武士とは思えません。やはり、上方落語が、薬缶頭を武士とするのは、江戸よりは武士を笑う精神が強かったということでしょうか。

キ、『桜の宮』　上方落語『桜の宮』（**五章参照**）では、稽古屋仲間が花見に行く趣向として、花見の場で仇討ちの芝居をします。ところが、これを本物の仇討だと思った「遠国の武士」が助太刀を申し出て大騒動になるという噺です。

江戸落語『花見の仇討』でも、江戸っ子たちが花見の場で仇討ちを演じていると、(江戸在住らしい)「武士」が助太刀に入ります。

どちらも花見の場ですから、在住の武士でも、遠来の武士でも不自然ではないのですが、やはり、江戸落語では江戸在住らしい武士で、上方落語では、「遠国(ときには西国)の武士」で演じるほうがそれらしいということでしょうか。

ク、『井戸の茶碗』 井戸の茶碗とは、李氏朝鮮で焼かれた高麗茶碗をいい、茶道で珍重されています。なかでも「喜左衛門井戸」「細川井戸」「加賀井戸」は、「天下三大井戸」と賞され、喜左衛門は国宝、細川は重文に指定されています。

上方落語『井戸の茶碗』では、この茶碗の価値に気付かず屑屋に売ってしまった浪人・千代田卜斎と、それを購入してからその価値に気づいた土浦藩蔵屋敷詰の高木作左衛門のやりとりで噺が進みます。同藩蔵屋敷については、現在の中央小学校(大阪市中央区)に「土屋相模守蔵屋敷跡」碑が建っています。上方落語が、高木を「土浦藩蔵屋敷詰」の武士とするのは大坂らしく、江戸落語が卜斎の相手を細川家家臣・高木佐太夫とするのも、井戸の茶碗にふさわしい役柄です。

なぜなら、江戸前期の土浦藩主で、大坂城代も務めた土屋政直(一六四一~一七二二)は、小堀遠州流の茶人として知られ、数々の名器をコレクションしていたからです。一方の細川家も、その初代・細川忠興(ただおき)は利休七哲の一人として茶道「三斎流」を開き、先の「細川井戸」を所有していた茶人なのです。

このような、なにげない武士の所属にも、当時の知識や教養が踏まえられているのです。くどいようですが、それを知らなくても面白く、知っておれば、もっとほくそ笑むことができるのが落語なのです。

ケ、『泣き塩』　桂米朝は、江戸落語の『泣き塩』を『焼き塩』の演題で口演しています。焼き塩とは、粗塩を炒って水気を飛ばし苦みをなくした塩をいいますが、この噺のオチに使われています。まずは、粗筋から。

　奉公の女は故郷にいる母の病気を心配している。そこに故郷から手紙が届くが無筆で読めない。通りかかった若い武士に読んでもらうと、武士が「もう手遅れだ」と涙を流したので、母親が死んだと思った女も泣き出す。それを見た焼塩屋は二人が叶わぬ恋を嘆いているのだと勘違いして、もらい泣きする。近所の人が武士に事情を聞くと、「亡父から文武両道の大切さを教えられたのに、自分は武芸一筋で読み書きを疎かにしたため、この手紙も読めず、もう手遅れだと、泣いている」と答えた。しかし、その手紙は、母の快癒を知らせるものだった。

この後、なぜ泣いているのかと問われた焼塩屋は、「商売が泣き塩」と答えてサゲになります。江戸落語では、江戸在住の武士の設定ですが、上方では浪人とされることが多いようです。尊敬されるべき武士でありながら、無筆である設定に意味があるので、武士の素性は問題にならないようです（四章参照）。なお、若い武士が発した「文武両道」の語については、改めて論じます（コラム⑫）。

コ、『碁盤截』 江戸落語の『柳田格之進』は、上方では『碁盤截』に名を変えます。江戸は主人公の名、上方はオチで「碁盤を截る（斬る）」ことによる演題です。噺は浪人の柳田格之進が商家を訪ね、同家の主人と囲碁を打つところから始まります。

> 二人が碁を打っているところに、番頭が主人に五十両を預けにくる。格之進の帰宅後、番頭が五十両の在り処を尋ねると主人は覚えていない。番頭は格之進を疑い返金を迫る。格之進に覚えはないが、冤罪を不名誉に思い、娘を新町（江戸落語では「吉原」）に売り、その代金で返済する。年末に商家で五十両が見つかるが、格之進は碁盤を斬ってことを収める。

格之進の元の主家については、江戸落語では「藤堂家（津藩）」や「彦根藩」などとされ、上方落語の『碁盤截』になると「松平周防守」に仕えていたとされます。江戸・上方ともに、格之進は浪人とされますが、これは、藩士であっては無実の罪のために娘を遊郭に売ることが不自然に聞こえるからでしょうか。

上方の「松平周防守」については、徳川家康の家臣・松井忠次（松平康親。一五二一～一五八三）が、功により「松平姓」と「周防守」を拝領したことから、子孫が松平周防守を名乗ることを踏まえています。具体的には、江戸後期に大坂城代を務め、のち老中にもなった松平康任（一七七九～一八四一）

をイメージしているようです。

この噺は講談ネタを落語に移したもので、その原話は、江戸後期の棋士・林元美（げんび）（一七七八～一八六一）が著した囲碁の逸話集『爛柯堂棋話（らんかどうきわ）』（東洋文庫、一九七八年）に掲載の「処士、金をあがなう事」です。「処士」とは浪人のこと。「江州（近江国）にて諸侯へ仕え（中略）、国を去りて堺に来たり」という処士の「猪飼（いかい）氏」が手習いの師匠となり、豪商宅で囲碁を打っていたという設定です。

近江から移ってきた「猪飼氏」となれば、寄り道せざるを得ません。というのは、私はかつて近江の猪飼氏、なかでも猪飼（猪飼野）甚介の研究に没頭していたことがあるからです。この処士の猪飼氏は、架空の人物ではなく、実在の猪飼氏がモデルなのです。

猪飼氏は、もとは摂津の猪飼野郷（大阪市東成区・生野区境界あたり）の出身で「猪飼野」氏を名乗っていましたが、正応三年（一二九〇）に近江の堅田（滋賀県大津市）へ移住し、同地の有力土豪として勢力を広げます。甚介の代には、近江に進出してきた織田信長の支配に属し、琵琶湖の舟運を統括しました。しかし、本能寺の変に際し、甚介は明智光秀に与したと思われます（拙稿「近江堅田の土豪猪飼氏について」『日本佛教史の研究』永田文昌堂、一九八六年）。これ以後の一族は「猪飼」氏に改姓し、左の四家系に分かれていきます。

①堅田の有力郷士として同地に止まる。
②幕府に仕えて、近江における幕府代官となる。
③江戸へ出て幕府旗本となる。

④手原（滋賀県栗東市）に移り、地元の指導層となる。

では、先の「処士の猪飼氏」はというと、右の②の幕府代官の末裔と思われるのです。五代将軍・徳川綱吉（在職一六八〇～一七〇九）の治世では、戦国期以来の在地土豪の系譜を持つ代官の粛清が行われ、猪飼氏も代官を罷免されているからです（拙稿「近江堅田の土豪猪飼氏の近世的変貌」『龍谷史壇』九三・九四号、一九八九年）。

というわけで、逸話『爛柯堂棋話』には右の史実が踏まえられていたのですが、さすがに落語『碁盤截』として語られるときには、それは史層に埋もれてしまい「猪飼」の名が登場することはなくなりました。

サ、『たけのこ』　隣家から生えてきたタケノコをめぐる江戸落語『かわいや』は、上方落語では『たけのこ』になります。

ある武士が、隣家から生え出た筍を「手打ち」にして食そうとし、隣の武士にその旨を伝えると、手打ちにされたのは止むを得ないが、その「遺骸（＝筍）」は返してほしいというので、「遺骸は高野（厠の隠語）に納め、筍の皮だけを形見として遣わす」と答えます。すると、隣家の武士が「可哀や」と嘆いてオチになります。「可哀や」は不憫だの意で、「皮嫌」「厠」に響かせているのです。

江戸では、武家屋敷が隣接するという設定に何の違和感もありませんが、大坂では武家屋敷自体が不自然なためでしょうか、地名は明らかにされません。

シ、『禁酒関所』　上方落語の『禁酒関所』は、江戸に伝えられて『禁酒番屋』となります。どちらも、殿様が家臣に禁酒を命じたことに伴って設けられた番小屋（番屋）が舞台です。番小屋には、酒の持ち込みを取り締まる武士がいて、不正に持ち込まれた酒を取調べるという設定です。

上方落語では某藩の城門前に建てられた番小屋が舞台とされますが、江戸落語では、某藩の江戸屋敷（あるいは旗本屋敷）の門前の番屋に変わります。

もちろん、架空の番小屋ですから、担当の武士についても、その素性を云々することは余り意味がないようです。

《小括》　武士が登場する上方落語はまだまだありますが、その多くは江戸落語から移されたものであり、そのためか、『泣き塩』のように、武士の素性は曖昧なものが多いようです。

あえて結論めいたことをいうなら、上方落語に登場する武士は、大坂に立ち寄った旅の武士か、大坂に暮らす浪人のイメージが強いということになるでしょうか。藩名が明らかなのは、『宿屋仇』の明石藩、『尿瓶の花活け』の鳥取藩、『井戸の茶碗』の土浦藩くらいです。明石と鳥取については、他の上方落語にも登場するように大坂町人に馴染み深かったこと、土浦藩については井戸茶碗との関わりを説明しました。

また、武士が笑いものになる『試し切り』では、上方でも江戸でも藩名は語られず、『癪の合薬』で禿げ頭を舐められた武士は、江戸では町人に変えられました。やはり、江戸の場合は、客席にいた武士への配慮があったのかもしれません。

2、町奉行の落語

次に「町奉行」が登場する落語をみていきます。大坂の町奉行といえば、東町奉行と西町奉行の二人だけですが、そのわりには町奉行は上方落語にしばしば登場します。江戸の「大岡政談物」の影響で、大坂にも名判官待望論があったのかと勘繰りたくなりますが、登場するのは必ずしも名奉行ばかりではありません。

ア、『佐々木裁き』 大坂西町奉行・佐々木信濃守が、ふとしたことから桶屋職人の倅・四郎吉の才能に気付き、のちに与力に取り立てます。この噺は江戸落語『佐々木政談』では、南町奉行・佐々木信濃守となります。佐々木信濃守顕発(あきのり)は、大坂東町奉行(在任一八五二～一八五七)、江戸北町奉行(一八六三)、江戸南町奉行(一八六三～一八六四)を歴任しますから、江戸で南町とするのは正しいのですが、上方で西町とするのは間違いです。この辺りの事情については一章で検討したとおりです。

イ、『五貫裁き(ごかんさば)』 上方落語では西町奉行の松平大隅守が、作次郎と徳力屋のいざこざを名判決で解決します。江戸落語では『一文惜しみ』ともいい、南町奉行・大岡越前守(在任一七一七～一七三六)が裁きます。

松平大隅守は、幕末に西町奉行(在任一八六二～一八六七)と、東町奉行(在任一八六七～一八六八)を歴任しましたが、落語では西町奉行で登場します。

ウ、『帯久(おびきゅう)』 この噺でも、西町奉行・松平大隅守が帯屋久七と和泉屋与兵衛の争いを裁きます。江戸落語では、南町奉行・大岡越前守が裁決します。気になるのは、帯屋久七が焼け出されたという大火の年代です。江戸落語では、享保六年（一七二一）の神田三河町の大火といいますから、大岡の在任中で辻褄が合います。

ところが上方落語では、宝暦六年（一七五六）の「瓦屋町焼け」とされますので、これでは松平大隅守の時代から百年以上も遡ってしまいます。この不自然さについては、『帯久』の原話が、西町奉行・曲淵（まがりぶち）甲斐守（かいのかみ）（在任一七六五～一七六九）の逸話であることに由来するようです（『明和雑記』）。落語では、曲淵甲斐守を幕末の松平大隅守に代えながら、火事の年代はそのままにしたことによる齟齬と理解しておきましょう。古典落語では、このような首を傾げる設定であっても、少し掘り下げれば、それなりの事情が見えてくることが少なくないのです。

エ、『さじ加減』　医師の元益（玄益）に不正を働いた茶屋・加納屋を、南町奉行・大岡越前守が懲らしめる講談『人情匙加減』が元ネタです。江戸落語ではそのまま越前守が裁きますが、上方落語では西町奉行・小笠原伊勢守長功（在任一八六七～一八六八）になります。

オ、『五人裁き』　百姓の久兵衛、船頭の幸兵衛、酒屋の菊屋治兵衛、その番頭の清兵衛、廓の播磨屋金兵衛の五人をめぐる金銭トラブルに、西町奉行が見事な裁きを申し渡す噺です。久兵衛は天王寺村、菊屋は安堂寺町、播磨屋は新町廓という具合に、大坂の地名が語られます。しかし、名裁きを見せる西町奉行については、その名は語られません。

カ、『次の御用日（ごようび）』　安堂寺町・堅木屋佐兵衛の娘・いとが、丁稚の常吉を連れて住友の浜に来ると、向かいから来た天王寺屋藤吉に奇声を発せられ気絶してしまいます。西町奉行は、藤吉を裁く場で自身がその奇声を再現しすぎて声が出なくなり、「取り調べは、次の御用日に」と命じるのがサゲです。落語家がこの奇声をどのように演じるのかが面白い落語です。

奇声を発し続けるみっともない奉行のためか、西町奉行の名は明かされません。江戸落語の『しゃっくり政談』(『しゃっくり裁判』とも)でも、奉行名は不明です。

キ、『天狗裁き』 長屋の喜八が夢を見た様子なので、女房が「どんな夢？」と尋ねるが、喜八は「見てない」という。次いで、隣家の徳さん、家主の幸兵衛、西町奉行までが聞きたがり、最後は鞍馬の天狗までが夢の中身を聞きたがるという噺です。

この噺の西町奉行も、喜八に夢の中身を問い、答えない喜八を樹に吊すようななさけないキャラクターのためでしょうか、奉行名は語られません。江戸落語『天狗裁き』においても、「奉行」とされるだけです。

ク、『孝行糖(こうこうとう)』 明治初年の作ですが、舞台は江戸時代です。親孝行の吉兵衛(きちべえ)は、町奉行から褒美をもらい、「孝行糖」という飴売りを始め、売り歩く途中に、中之島の蔵屋敷の門番に売り声を咎められます。この噺の町奉行は冒頭で褒美を与えるだけだからでしょうか、その名は明かされません。

江戸落語の『孝行糖』では、「奉行」は「お上」になり、中之島の「蔵屋敷」も「水戸様の屋敷」に変わります。蔵屋敷の門番が出てくるのは、前節の『井戸の茶碗』と同じく、大坂らしさを感じます。

《小括》 前節に紹介した「武士」では、全てが架空の武士だったのに対し、町奉行の多くは実在の名を借用しています。ア～オのように、その名裁きが作り話であっても、実在の奉行名で語られると、実話のように楽しんだお客もいたでしょう。対照的に、カ・キは、少し恥ずかしい町奉行であるためか、「西町奉行」「町奉行」としか語られません。

なお、江戸落語では南町奉行・大岡越前守が定番ですが、右のア～ウのほかにも、『大工調べ』『城木屋』『小間物屋政談』『唐茄子屋政談』『三方一両損』などが大岡裁きものです。

3、大名の落語

本節では、上方落語にみえる大名たちを紹介します。上方落語に大名が登場するのかと疑問に思われるかも知れませんが、その多くは江戸落語を上方落語に移したものです。一般に、上方の落語を江戸に、江戸の落語を上方に移す場合は、噺の舞台も移し替えることが多いのですが、さすがに大坂に居住する大名に変えることは難しいようです。

ア、『八五郎出世』 もとは、江戸落語の『妾馬』で、赤井御門守と、その側室のお鶴、お鶴の兄の八五郎などが登場します。そのため上方落語の『八五郎出世』では「お殿様」としか呼ばれません。しかも、その住まいは「お城の天守閣」というのですが、どこのお城かは判りません。

『妾馬』も『八五郎出世』も、お鶴が世継ぎを妊娠したのを機に、八五郎は赤井御門守（お殿様）にお目見えし、結果、家臣に取り立てられます。裏長屋に住む職人の八五郎が大名の家臣となることについては、コラム②で説明しました。

イ、『火焔太鼓（かえんだいこ）』　『八五郎出世』と同じく、江戸落語では「赤井御門守」（時には「殿様」）とされます。「赤井御門守」の名は、将軍家の息女が降嫁した大名屋敷の「御守殿門（ごしゅでんもん）（赤門）」に響かせているのですが、特定のモデルはいないようです。上方落語になると、「殿様」でもなく「お上」に変わりますが、その屋敷を訪ねる場面があるので、大坂が舞台とは言い難いですね。

ウ、『大名将棋（だいみょうしょうぎ）』　江戸落語『将棋の殿様』では、「殿様」が我流で駒を動かして家臣を困らせるので、家老が正論で殿を懲らしめます。上方落語『大名将棋』では、この「殿様」は、なぜか「紀州の殿様」とされます。我儘な殿様を「紀州の殿様」とするのに問題はなかったのかと心配してしまいます。

エ、『苫が島（とまがしま）』　大名が登場する噺としては珍しく、これは上方の噺です。演題の「苫が島」は、現在の和歌山市の「友ヶ島」。紀州藩初代の紀伊大納言頼宣が家臣たちと苫が島で狩りをするのですから、実在の大名落語です。

オ、『紀州』　落語らしからぬ将軍の後継がテーマです。落語らしからぬと言えば、この噺は会話部分が極めて少なく、ほとんどが落語家の地で語りです。演題は「紀州」ですが、語られるのは主に尾州の殿さまです。まずは粗筋を。

七代将軍・徳川家継没後の後継候補に挙がったのが、尾州侯・徳川継友と紀州侯・徳川吉宗だった。継友が登城の途中、鍛冶屋から聞こえる「トンテンカン、トンテンカン」の音を「天下とる、

天下とる」と聞く。しかし、評定の結果、吉宗に決まると、その帰りには鍛冶屋から焼けた鉄を
水につける「キシュー（紀州）」という音が聞こえた。

精神分析のフロイトは、このような聞き間違いの背景には隠れた心的要因があると言っています（前著『上方落語史観』）。松浦静山（一七六〇～一八四一）の随筆『甲子夜話』（一八二一年）に原話が載っていますが、それは女性の小便の音を聞き間違う話であって、大名は登場しません。

《小括》ア・イは赤井御門守、ウ～オは紀州の殿様というように、上方落語の大名は非常に偏っています。実在の大名が登場する上方落語は、右の『苫が島』くらいでしょうか。

江戸落語には、大名ばかりか『将軍の賽』や『将軍の屁』のような、将軍までをも笑いものにする落語がありますが、上方には移されなかったようです。

おわりに

上方落語の大坂にうごめく武士には、架空の旅の武士や浪人のイメージが付きまといます。そして、町奉行は江戸後期の実在の奉行です。さすがに大坂に住む大名はいませんが、武士や町奉行は大坂に溶け込み、大坂町人との交流も描かれます。その意味では、上方落語からも「武士の町 大坂」を垣間見ることはできるようです。

ただ、本稿のように、古典落語をテキストにして、江戸時代の大坂を考えることには大きな不安もあります。それは、人形浄瑠璃・文楽のように、江戸時代に著された床本によって語り伝えられている芸なら、その床本から、江戸時代における大阪弁や風俗を研究することは十分に可能です。『曽根崎心中』から江戸中期の大坂商人の実相が窺えるということです。

しかし、落語の場合は、床本のような揺らぎない台本がありません。師匠から弟子に口承されてきた芸ですから、著作権などの意識は薄く、個々の落語家によるアレンジは自在に行われています。本章で紹介した奉行名も落語家によっては別名で口演している例もあります。江戸落語と上方落語の比較についても、相互に影響し合い変化している箇所もあり、どこまで有効な分析素材と言えるのかという疑問もあるのです。

落語は、いつ、どこで、だれが作り、いつ、どこで、だれが改変したのかを検証することが難しいため、その扱いには慎重であらねばならない。本章は、その抱える課題を脇に置いたままの試論だとお考えください。

コラム⑪「辻切」と「切捨御免」

江戸時代を舞台にした時代劇や時代小説では、武士が百姓・町人を問答無用とばかりに切り殺すことがあります。その多くは、「辻切（辻斬とも）」、あるいは「切捨御免（斬捨御免とも）」などと表現されています。江戸時代には、本当にそのような理不尽な殺人が行われていたのでしょうか。古典落語は、それらをどのように描いているのでしょうか。

辻切　まずは「辻切」の定義を確認しておきましょう。辞典には次のように解説されています。

刀の切れ味や自己の剣技を試みるため、往来で刀をもって人を殺傷すること。さらに、金品の強奪などを目的として行うこともあった。

（『国史大辞典　第九巻』）

第一義的な目的は、「刀の切れ味」「自己の剣技」を試すことにあり、第二義として「金銀の強奪」も加えられています。

では、「往来で」殺傷する行為を、なぜ「辻切」と呼ぶのでしょう。それは、古くは街道や河原・橋・寺社などは世俗のルールが適用されない無縁の地（アジール）とされていましたから、その街道が交差する「辻」は、特にアジール性が強いと考えられたことの名残です。街道を行く女性を誘拐することを「辻取り」と言ったのもその類です。もちろん、江戸時代には「街道」も「辻」も世俗法のもとにありますから、「辻切」は正真正銘の犯罪でしかありません。

「辻切」の登場する落語と言えば、真っ先に『試し切り』が思い浮かびます（六章参照）。落語『たけのこ』の後半部だけを独立させて口演するときの演題です。

備前の古刀を購入した侍Aは、その切れ味を試したくて仕方がない。侍Bに話すと、新刀を入手したばかりのBは、昨夜、日本橋(にっぽんばし)の南詰めで寝ていた乞食を試し切りして来たという。その夜、Aは日本橋に向かい、寝ていた乞食を切る。乞食が「だれや？　毎晩どつきにくるのは！」と叫ぶ。

いうまでもなく「備前（岡山県東南部）」は、古くから名刀の生産地として知られていましたから、侍Aが切れ味鋭い名刀を入手した、と思わせておいて、実は、とんでもないナマクラ刀だったと落とすのです。先の辞典の定義の冒頭にあった刀の切れ味を試す辻切です。それにしても、何の罪もない乞食を切り殺そうとするのですからひどい話ですが、それだけ余計に、オチの馬鹿々々しさが面白い噺です。

辻切に上半身と下半身に分離されてしまう落語『胴切り』も、その原話では喧嘩による刃傷とされていましたが、落語になると「新身試し(あらみ)」、すなわち「新身＝新刀」の切れ味を試す辻切になります（**六章参照**）。

辻切の記録は、早く十四世紀の『太平記』にみえますが、戦国・江戸時代に増加したため、慶長二年（一五九七）三月に豊臣秀吉の「御掟」によって次のように規制されます。

一、辻切・すり・盗賊の儀について、諸奉公人の侍は五人組、下人は十人組に連判を続(つら)ね、右の悪逆を仕るべからず旨を請け定め申すべき事

すなわち、侍は「五人組」、下人は「十人組」ごとの連判をさせ、「辻切・すり・盗賊」を禁止したのです。この史料は、江戸幕府の「五人組制度」の嚆矢として知られるものですが、いまは冒頭に「辻切」を挙げて禁止したことに注目しておきましょう。

また余談ですが「五人組」は御存じでも、「十人

組」は聞いたこともないという方もいらっしゃるかもしれません。しかし、江戸初期には、人民統治のために幾種もの制度があり、例えば近江坂本（大津市）の比叡山領では、「五人組」と並行して「三人組」が重複していました（拙稿「山門領近江坂本の三人組制度」、千葉乗隆博士還暦記念会『日本の社会と宗教』同朋舎出版、一九八一年）。しかし、次第に「五人組」に統一されますので、江戸後期に作られた古典落語に「五人組」は出ても（『五貫裁き』など）、十人組や三人組は登場しません。

幕府の基本法とされる『御定書百箇条』（一七四二年）の「七一　人殺し幷に疵付け等御仕置きの事」のなかには、

一、辻切いたし候者、引き廻しの上、死罪

と定められています。この極刑の裏には、辻切が刀の試し切りに止まらず、金品強奪の辻切が横行していた事情があるようです。講釈師・馬場文耕（一七一八〜一七五九）の「世間御旗本容気」巻之二（『馬場文耕集』国書刊行会、一九八七年）には次のように記されています。

古より武士の衰えたるは、切取強盗をなして世を渡るは常のならいにて、恥ずかしからぬことなれども、今かく太平の御代にて、その身相応なる禄を請け、なお飽き足らず。夜なく辻々に仇廻して人の懐を伺う曲者多く

文耕に言わせれば、戦乱の時代から間もない江戸前期の武士が「切取強盗（殺人による金品強奪）」で生活し、太平の江戸中期になっても、禄を食みながら「辻切」で金品を強奪していたというのです。しかし、これらの記録は、江戸市中における「辻切」を語るものであって、大坂町人には実感のあるものではなかったようです。『試し切り』や『胴切り』が、「辻切」をちゃかしたように描くのは、落語だからという理由だけではなさそうです。

切捨御免　落語『宿屋仇（やどやがたき）』では、日本橋の宿屋で三人連れの宿泊客が夜も眠らず大騒ぎをします（六章参照）。隣室の客は宿屋の番頭を通じてクレームを付けますが、なかなか静まらない。そこで、番頭が「隣室の客は武士だ」と告げると、三人組は「武士」を次のように論じるのです。

（武士というものは）気に入らんことがあったら「無礼者め」ちゅうてズバ～ッと切って、「ごめ～ん」ちゅうねんで、「切り捨てごめ～ん」。ほんまにもぉ……、侍か。しゃ～ない、静かにするわ。

いわゆる「切捨御免」は、「無礼打ち」とも言います。百姓・町人が武士に無礼を働いたときには、その無礼者を問答無用とばかりに切り捨ててもい い権利だと理解されているようです。果たして、江戸時代の武士は、無礼を働いた農民や町人を切り殺す特権を認められていたのでしょうか。我が身に降りかかる危険を避けるための正当防衛ならまだしも、無礼を働いたから切り殺すというのは、余りにも過剰な特権のように思えます。

ところが、『御定書百箇条（おさだめがきひゃっかじょう）』の、先に「辻切」の条文を引用した「七一　人殺し并に疵付け等御仕置きの事」のなかには、そのような特権を認めるかのような条文があるのです。

一、足軽の体に候とも、軽き町人・百姓の身として法外の雑言など不届きの仕方、止むを得ざることに切り殺し候者、吟味の上紛れなきにおいては構いなし。

武士（たとえ足軽であっても）が町人・百姓から「法外の雑言（＝非常識な悪態）」を浴びせられ、やむを得ず切り殺したときは、「構いなし（＝無罪）」というのです。ただし、この権利が乱用されないための歯止めとして、「吟味の上紛れなきにおいては」という条件が付いています。現地の役人の吟味の結果、町人・百姓が無礼を働いたことが明らかになり、切り殺すことが止むを得なかったと判断された場合に限って無罪なのです。

　ですから落語のセリフのように「気に入らんことがあったら『無礼者め』ちゅうてズバ～ッと切って」はあり得ないことです。それに第三者の証言などでその正当性が証明されなければならないのですから、この権利を行使する場も制限されます（高柳真三『江戸時代の罪と刑罰抄説』有斐閣、一九八八年）。

　それに加えて、「切捨御免」を行使する場合は、止めを刺してはいけないという作法がありました。江戸後期の随筆『譚海』十四（国書刊行会、一九一七年）には、次のような「古礼」が記されています。

> 武家、途中にて慮外者に会い、やむことを得ず切り殺しぬるときは、止めを刺さぬ古礼也。敵討は、止めを刺すこと古礼也。

『御定書百箇条』の条文には「切り殺し」とありましたが、実際には「止めをささぬ」ことが、この権利の作法だったのです。条文後半に、敵討では止めを刺すことが古礼だと記しているのとは対照的です。事後の吟味の際に、一方の当事者が死んでしまっていては公平な判断が下せないという事情もあるのでしょう。

　それにしても、生命や身体の危険を伴わない「法外の雑言」に対して、相手を殺すことを承認する法は（止めを刺さない作法があるとはいえ）、世界的にも珍しいことでしょう。それは、支配階級である「武士」が、被支配階級である「農民・町人」に、その名誉を侵害されたままでいたのでは、政治的秩序が維持出来なくなるという考えによるようです。

　ところが、幕府が倒れて以降も、明治の士族たちは意識下に「切捨御免」を受け継いだらしく、明治四年（一八七一）八月十七日の『太政官布告』

第四百十二では、それを禁止しています。

> 士族の輩、旧来武門の流弊になずみ、ややもすれば下民へ対し瑣屑（させつ）の不敬を咎め、甚だしきはこれを切り殺する等、御維新の今日、右様の所為はこれなきはずに候へども、僻邑遠陬（へきゆうえんすう）に至り、自然心得違いの者これあり候ては相済まざる事に候

明治初年らしいペダンチックな表現ですが、維新後に士族となった元武士たちが、それまでの「流弊（従前の悪習）」に執着し、下民（平民）たちの「瑣屑（些細）」な不敬を咎めて切り殺すことがあったようです。そこで、維新以後はなくなっているはずなのに、「僻邑遠陬（辺鄙な地）」には心得違いの者もいるかもしれないので廃止を徹底するようにという布告なのです。

そして、明治七年（一八七四）の『開化問答』初編巻上になると、その特権そのものを批判する論説が登場します。

> 武士には切捨御免などという法がありて、百姓・町人を切り殺しかまわぬということがござる。なんと、これでは百姓・町人の命は己の物ではなく武士の借物同様にて、理に悖（もと）ったことではござらんか。

ここで、この特権を「切捨御免」と呼んでいますが、この名称は「無礼打ち」の名とともに、明治以降に一般的になった呼称です。江戸時代には、この特権を指す正規の名称はなかったようです。

ところで、江戸時代を通じて、「切捨御免」を行いその正当性が認められた事例は数えるほどしかありません。そして、落語においても、江戸時代に作られた落語には「切捨御免」は登場しないようです。そして上方落語では「切捨御免」はほとんど描かれません。先に『宿屋仇』には「切り捨

てごめ～ん」のセリフがあると言いましたが、明治以降にその実体が失われてから挿入されたセリフとみておきましょう。

コラム⑫　天下統治のための「文武両道」

高校の日本史教科書などには、元和元年（一六一五）五月に大坂の陣によって豊臣氏を滅ぼした江戸幕府は、同年七月に『武家諸法度』（全十三ヵ条）を定めたと記しています。

担当教諭は、その第一条に「文武弓馬の道、専ら相嗜むべきこと」と記されていることをもって、幕府は「文（学芸）」と「武（武芸）」を重視した領国支配の方針を示したのだと教えます。そして、そこから脱線して、現代においても「文武両道」が大切であることを説き、生徒たちに学業と運動クラブの両立を諭すらしい。

六章で紹介した落語『泣き塩』でも、若い武士が「亡父から文武両道の大切さを教えられた」のに、武芸一筋できたために、手紙も読めないと嘆くセリフがありました。この「文武両道」の語が、いつ頃に落語のセリフとして採り込まれたかは解りませんが、現代の観客も違和感なく聴いているようです。

しかし、その意味するところについては、少し考え直すべきかもしれません。まず、江戸初期の陽明学者・中江藤樹（一六〇八〜一六四八）の解釈を聞いてみましょう。藤樹は、老翁と弟子の問答の形式の『翁問答』を著し、弟子に「文武は車の両輪、鳥の両翼だと聞くが、文と武は二色なのか」と問わせています。これに対して老翁（藤樹）はこのように答えます。

天下国家をよく治めて、五倫の道を正しくするを「文」という。天命を恐れざる悪逆無道の者ありて、文道をさまたぐる時は、あるいは刑罰にて儆し、あるいは軍を起こし征伐して、天下一統の治をなすを「武」という。

弟子が、文と武は車の両輪のような（対等な）関係かと尋ねたのに対し、老翁は、本来は「文」によって天下を治めるべきだが、それが（反乱などによって）妨げられたときには、「武」によって天下一統を実現するのだと答えます。

「文武」とは、もともとは古代中国における律令制による官職である「文官」と「武官」に由来するものでした。すなわち、両者とも天下統治のあり方をいう語だったのです。しかも、本来は「文」で統治すべきで、乱がおきたときには、やむを得ず「武」でそれを鎮めるのです。

これは、「近江聖人」と称えられた儒学者ならではの理解というよりは、世間に広まっていた気配があります。元文四年（一七三九）三月の美作非人騒動の記録「百姓騒動乱定紀」の冒頭には次のように記されています（『備前・備中・美作百姓一揆史料　一巻』）。

おもんみれば、文武の両道は国民を治める宝器なりと。理なるかな。治まる時は「文」をもってこれを教え、乱る、ときは「武」をもってこれを制す。

「文」も「武」も武士の教養や嗜みを言うのではなく、天下統治の手段だったのです。支配層である武士は、平時には「文」で、戦時には「武」で国を治めなければならないから、「文武両道」を求められたのです。

「武家諸法度」の最初に「文武」が説かれていたのは、そういうことだったのですね。長い戦乱の世を勝ち抜き、豊臣氏を滅ぼした直後に、江戸幕府は、これからは「文」による統治を行うと宣言したのです。しかし、その統治に背く大名には断固として「武」で成敗するという宣言でもありました。

高校の運動選手に「勉強もしなさい。文武両道だぞ」と説くのとは、かなり異なったニュアンスです。もちろん、言葉は生き物ですから、時代とともに意味合いが揺らぎ、変化するのは仕方がないことです。それはそれとして、このような言葉の揺らぎ、変化にも気配りしながら落語を聴いていると、それはもう、なんとも奥深い世界が垣間見えてくるのです。

補論　明治中期の天満天神裏にみる大道芸と寄席の風土
―天満天神繁昌亭の史層―

はじめに

江戸時代の大阪天満宮境内は、水茶屋や芝居小屋などが数多く立ち並び、また様々な大道芸がみられる、市中でも有数の遊興地だった。江戸後期の戯作者・暁鐘成（あかつきかねなり）が「浪花第一繁昌の神社」と賞した(1)ように、天満の天神さんは、信仰の場であるとともに遊楽の場として地域の人々に親しまれ、子どもから大人まで日常的に楽しめる空間であった。

そこにみられた興行については、江戸時代、および明治～戦前期を対象とした青木繁・中川桂・肥田皓三・樋口保美らの先行研究がある(2)。小論は、それらの驥尾に付して、明治中期における天満天神裏の大道芸を紹介することにより、その風土のうえに「天満八軒」と呼ばれる寄席文化が生まれたことを明らかにしようとしている。

明治十年（一八七七）八月二十八日、天満宮に近い地下（じげ）町（現・北区天神西町）の染物商「立花屋」

に浅井鶴造が誕生した（戸籍上の誕生は九月十五日）。天満宮の神主に「鶴造」と名付けられた少年は、のちに講談師となり二代目旭堂南陵（きょくどうなんりょう）を襲名するのだが、その家紋「覗き梅鉢」も天満宮の神紋にあやかったものだという（四代目旭堂南陵談）。

昭和三十七年（一九六二）七月五日、二代目南陵は日本芸文協会において、少年のころに毎日のように遊んだ天満宮境内の思い出を語っており、その講演録が残っている。(3) 鶴造少年は、十三歳で道修町に奉公に出ているから、このとき話された境内の様子は、明治二十年前後のこととみていい。

そして偶然にも、当該期の境内図が大阪天満宮に残されている。明治二十一年（一八八八）刊の『摂州天満宮社内之図』（以下『社内之図』という）(4) は、本社および数々の摂社・末社を俯瞰するだけではなく、（まるで南陵の講演内容に呼応するかのように）境内外の小屋や大道芸の様子を描き込んでいる（図9）。そのリアルタイムの情報は、いくら眺めていても飽きないほどに興味深い。以下、南陵の講演録（《1》～《7》に分割して引用）に導かれながら、『社内之図』の絵解きを試みたい。

1、天満飴売・豆蔵・品玉・金魚屋

絵解きを始める前に、江戸時代の天満宮境内の様子を振り返っておこう。

寛政六年（一七九四）の境内では、水茶屋七ヵ所、小見せもの小屋七ヵ所、商人店二十五ヵ所、楊（よう）弓場（きゅうば）三ヵ所、講釈小屋一ヵ所もの営業を確認できるが、(5) 具体的にどのような見世物があったのだろうか。

攝州天満宮社内之圖
The picture of Tenmangu OShaka Japan.
稲荷社
社務所
霊符社
吉備公社
鳳輦庫
井戸家形
神庫
納札所
神具庫
連歌所
社務所
臺所
八阪社
白太夫社
神供所
絵馬殿
老松社
紅梅殿
東小門
井戸家形
表大門
小山屋
石鳥居

図9　『摂州天満宮社内之図』

享保十五年（一七三〇）の『絵本御伽品鏡』には、「天満飴売」（図10）や「豆蔵」（図11）が紹介されている。[6]「天満飴売」の名は、天満宮から発した飴売りが、天満以外にも進出していたことを示している。天満宮境内に限った営業なら「天満」を冠する意味がない。広く市中において「天満」の飴売りであることをアピールするための呼称であろう。その意味では、早く十八世紀初頭には天満宮で営業していたことが、大道商人のブランドになっていたと考えていい。「天満飴売」の系譜については、本稿「4」で解説する。

「豆蔵」については『日本国語大辞典』（小学館）が①〜⑥の語釈を載せている。そのうち小論に関わるのは①と④であるが、まず①を引用する。

①（江戸時代、元禄〈一六八八〜一七〇四〉の頃、大坂にいた力持の乞食の名から）手品や曲芸をし、滑稽な身振や口上で人を笑わせて銭を乞

図10　「天満飴売」
（長谷川光信画〔他〕『絵本御伽品鏡』）

図11　「豆蔵」
（長谷川光信画〔他〕『絵本御伽品鏡』）

うた大道芸人。

豆蔵の曲芸については、夏目漱石の『彼岸過迄』に、主人公が浅草の大道芸で刺激を受けたものとして「長井兵助の居合抜と、脇差をぐいぐい呑んで見せる豆蔵」と記す(7)。豆蔵は、現代の奇術でも見られる「剣呑み」を行っていたのである（長井兵助については後述する）。

「滑稽な身振や口上で人を笑わせ」る大道芸人といえば、「軽口」が思い浮かぶ。事実、喜田川守貞『守貞謾稿』は、「江戸ニテ豆蔵」の項を立てて、「マメザウハ、京坂ノカル口ト異ナルコト無之」という(8)。江戸の「豆蔵」は、京坂の「軽口」と同じだというのだから、語釈①に整合する。そして「京坂ノ軽口」の項では、「芝居俳優ノ身振物真似ト云ヲ、扮及ビ口技ヲ贋セ、或ハ種々ノ諧謔ヲ為シテ、観者ノ腮ヲ解シムルヲ肯トシタリ（中略）大坂モ、難波新地及ビ天満以下社頭等ニ在之、市中ニ無之」と説明する。「軽口」が、天満宮に出ていたことを示す史料として留意したい。

フィリップ・ポンスは、「豆蔵」の系譜について次のように理解している。

> テキヤは商品の販売により生計を立てる商人の地位を主張していたのに対し、劣者であると見なされていた中世の「河原者」の伝統の継承者である大道芸人たちは、むしろ乞食に近かった。それが、例えば十八世紀末の有名な大道芸人の名に由来する「豆蔵」と呼ばれる手品を見せる乞食の「放下師」の場合である(9)。

中世〜近世初頭にかけて「放下」と呼ばれる雑芸が流布したことは知られているが、その系譜のうえに、「乞食に近」い「豆蔵」を位置づけることは、語釈①の「乞食の名から」に通じ、研究史的にも首肯されよう。

しかしながら、図11の「豆蔵」を同様の大道芸人とみることには躊躇せざるを得ない。なぜなら、『日本国語大辞典』には、次の語釈④も載っているからである。

> ④釣合い人形。紙人形に細い竹をつけ、両端に重りをつけて平衡を保つようにしたもの。（中略）守貞漫稿(ママ)—一三「三都とも古き小児の弄物に豆蔵と云ものあり、江戸にて与次郎兵衛、略て与次郎と云」

「与次郎兵衛」とは、一般に「弥次郎兵衛(ヤジロベエー)」と表記される玩具である。図11において、男が子どもに売ろうとしている玩具は、明らかに「弥次郎兵衛」である。上部に添えられた「かいまミれハ　豆蔵といへと　此人形　つつに姿は　似たるなり平」の意味を勘案するなら、この図を「豆蔵」と題するのは、（語釈①の豆蔵ではなく）語釈④の「豆蔵」を売る大道商人、すなわち「〈豆蔵〉売り」の意であると理解すべきであろう。大阪天満宮の天神祭に登場する御迎え人形(おむかにんぎょう)「豆蔵」（図12）(10)が「弥次郎兵衛」であることも、この理解を裏付けている。少なくとも天満宮周辺では、「豆蔵」といえば、「弥次郎兵衛」人形のことであった。

図12　御迎え人形「豆蔵」『天満宮御神事御迎船人形図会』

次に、寛延五年（宝暦二年・一七五二）の『絵本家賀御伽(かがみとぎ)』をみると、「天満宮境内　おててこてんの品玉」（図13）と「天満天神　金魚屋」（図14）が載っている。[11]「品玉」は「弄玉」とも書く。図13の品玉師の前には、竹籠が伏せられ、その裾から鳥の羽らしきものが見えている。延宝八年（一六八〇）、江戸城二の丸において「放下」らの芸が将軍・家綱の上覧に供され、「籠より小鳥出る曲」[12]が披露されているが、それと同種の手品であった可能性を指摘しておきたい。竹籠のそばには、現代の手品でも使われる「お椀と玉」らしきものが置かれている。図には「きやうとへも　のぼるかしらず　しな玉ハ　おててこてんま　天神のうら」の歌を添える。この「天神のうら」が、時代変わって明治・大正期には「天満天神裏」の興行街として賑わうのである。

図14の「金魚屋」は、式台のある建物の前に生簀が据えられていることから、境内に常設の店だったようにみえる。「千早ふる　神のあたりハ　卵虫のからくれないが　水くぐるなり」と本歌取りの歌

図13　「天満宮境内おててこてんの品玉」
（長谷川光信画『絵本家賀御伽』）

図14　「天満天神金魚屋」
（長谷川光信画『絵本家賀御伽』）

が添えられているが、「神前で韓紅のランチュウ（金魚の一品種）が泳ぐ」というのだから、境内にあることが前提になっている。

以上のような「飴売」「豆蔵売り」「品玉」「金魚屋」以外にも、天満宮境内には様々な小屋や大道芸がみられた。天満宮所蔵の古文書を瞥見するだけでも、（江戸時代後期になると）その境内には芝居や落語、講談、物まね、操り狂言、軽業、楊弓、曲芸、手妻（手品）などの興行系の小屋に加えて、水茶屋や湯豆腐・鱧・果物などの飲食系も店を出し、ときには、出開帳や勧進相撲、富籤などの舞台にもなっていたことがわかる。これほどに多様な賑わいを見せていたとなれば、当時の地誌類も紹介しないわけがない。ここでは『浪華の賑ひ』の描写を引いておこう。

> 四時に詣人間断なく遠近より群集へバ、社内にハ昔噺、或ハ軍書講釈の小屋、地上にハ放下師・品玉・軽業の芸、時新唱哥の読売、其余、菓子類・手遊具の出店なんど地せきまで烈りて、朝暮の繁昌いわん方なし、門前にハ貸食家・煮売店・鮓屋・饅頭・木菓売・珍器・奇物の商家軒をならべて数販ぎて饒わへる[13]

「昔噺」「軍書講釈」については、本稿「6」で論じる。「放下師」「品玉」は、すでに触れた。江戸時代後期になると、先の天満宮の古文書に現れたものに加え、ここに挙げられた小屋や大道芸が境内に所狭しと繰り広げられていたのである。当然のことながら、それらは本殿の正面を避け、その後方（北側）を中心に展開していた。

そこで新政府は、その最も賑わっていた場所を「上知令」の対象とした。明治六年（一八七三）十月には、現「裏門」の北側が境外地となったのである。それでも「裏門」をはさんだ境内外の賑わいに変わりはなく、やがて「天満天神裏」には「天満八軒」と総称される興行街が形成されていく。

2、居合抜きの長井兵助

大阪天満宮は、天保八年（一八三七）の大塩事件で灰燼に帰した後、弘化二年（一八四五）に再建された。『社内之図』の中央に描かれる「御本社」は、この時に再建された現在の本殿である。周りの諸社殿は、その後に改築・移築を繰り返したため、現在の様子と異なるところも少なくないが、その個々の検証は本稿の任ではない。

『社内之図』では、「表大門」下に参拝客相手の店が出ており、その脇には人力車が客待ちをしている。門前の店には、「めんるい」「うどん・そば」「茶わんむし」の看板がみえる。「西門」前にも人力車が客待ちし、その前を二頭立て馬車が走る。

表門を入った左手には「小山屋」があり、その左前方で「天神旗」らしいものが売られている（図15）。

図15　小山屋と天神旗
（『摂州天満宮社内之図』の部分）

「小山屋」については、寛政十年（一七九八）の『摂津名所図会』でも同地にそれらしき建物が描かれ、嘉永五年（一八五二）の『浪華天満聖廟之図』も同地に「小山屋」を明記する。(14) 幕末大坂のグルメ本『花の下影』にも、小山屋は天満宮門前の料理屋として紹介されている。(15) その代々の主人は、流鏑馬の騎射を務め、天満宮と深い関わりがあったから、(16) 境内地での経営を許されていたのだろう。

「天神旗」（図16）は、「文化文政頃から明治三十五、六年頃まで毎月二十五日に境内でみやげものとして販売された」という。(17) だとすると『社内之図』は、何月かの二十五日の風景ということになる。

図16　天神旗

さて、鶴造少年は、天満宮の南西に位置する地下町に住んでいたから、いつも「戎門」から境内に駆け込んでいた。門を入った左手前方に「蛭子（戎）社」が祀られていたので「戎門」という。では、南陵とともに「戎門」をくぐろう。

《1》昔の天満の天神さんの境内といいますとね、あの境内へぶらっと入りましたら半日ぐらいはノンキに遊んでおられたものです。てえのはこっちのほうにエベスさんのあるエベス門から入ると、正面に長井兵助の例の歯抜き屋さんが長々とした刀をぶち込んで、三宝の上にのって歯みがきと歯痛止めの薬を売っております。小僧が後ろ鉢巻き、たすきを十字に綾どって先生がひと言いうと「あいあい、さようでござい――」と受けよる。そんなことを繰り返しておりますが、日に二遍ぐらい三宝の上に乗って、一本歯の下駄をはいて、長い刀をシュッと抜きよる。これは抜けるはずです。三宝を三つも四つも重ねた高いところへ乗るんですからね。ヤアッとかけ声をして抜くときにうしろへ鞘を落としてしまうんです。高いところへ上がっているから鞘はなんぼでも下へ落ちます。

大阪では「戎様」は「エビスサマ」ではなく「エベッサン」だから、南陵も「戎門」を「エベス門」と発音する。表門の西に位置するので「西門」ともいい、『社内之図』はその名を採っている。「西門」をくぐると、正面には白い日除け布が張られ、それ

図17　長井兵助（中央）、覗きからくり（左上）、八卦見（右）
（『摂州天満宮社内之図』）の部分）

を取り囲む一群がみえる（図17）。日除け布の下には長い太刀が据えられ、その前に高下駄を履いた人物が立つ（上半身は白布に隠れて見えない）。これが「長井兵助」で、その前で客の気を引いているのが「小僧」だろう（後ろ鉢巻きではないが）。

長井兵助（ひょうすけ）といえば、『広辞苑』にも立項されるほどの有名人で、「江戸時代の大道商人。代々江戸蔵前に住み、初代は松井源水の門下。居合抜きをして行人を集め、歯を抜いたり家伝の歯磨き・陣中膏蟇油（じんちゅうこうがまのあぶら）を売ったりした。明治後期、11代で絶えたという」と解説されている。夏目漱石が、その作品に「長井兵助の居合抜」を登場させたことは先に述べたが、「春風や長井兵助の人だかり」「居合抜けば燕ひらりと身をかはす」「抜くは長井兵助の太刀春の風」の句も残している。

このように東京ではよく知られた存在であったため、その姿は明治三十八年（一九〇五）の『江戸府内絵本風俗往来』[18]などに描かれている。ここでは文化三年（一八

図18　長井兵助（太田南畝他詞書・鍬形蕙斎画『近世職人尽絵詞』）

○六）ころの『近世職人尽絵詞』の姿を引いておく（図18）(19)。南陵の証言通り、兵助は積み重ねた三宝の上に足を掛けている。その頭上には『社内之図』と同じく、日除け布が斜めに覆う。『江戸府内絵本風俗往来』の解説によれば、「店は白地に藍の大形井桁の内に長の字の総張付け」とある。『近世職人尽絵詞』では、井桁と長の字の白地と藍が反転しているが、「井桁に長」は兵助のトレードマークだった。

　鶴造少年の観察によれば、大阪天満宮の兵助は三宝の上に乗って鞘を後ろに落とすという、詐欺まがいの技をみせたらしい。『江戸府内絵本風俗往来』も、次のように怪しげな居合抜きを紹介する。

> 最前より見物せる山の如き人々は居合を見て行んと楽みしに、居合抜は口軽き滑稽を言て見物の頤を解しめ、已に抜かと見へて又抜ず、家伝歯磨の効能をいふより歯磨を売る、見物は居合見たさに買ずもがなの歯磨を買ふに、未だ居合をせず、此中蓋を傾けんまでに時を移す、見物の人々足の痛きを覚へず、小僧は主人の使ひの遅刻を忘れ、田舎人は懐中の財布を抜れしを心づかず、居合抜は今まで帯て居たる丈余の太刀は脱して、後辺にかけ、短かき太刀と指かへ、前に蹲れる己が抱への小僧を目がけてヤツといふ声に抜放ち、小僧を相手に打振けるが、待甲斐程に覚へねば、忽ち足の痛を感じ、見物は失望らしく散乱

「口軽き滑稽」で引き付けた客に歯磨きを売りながら、結局は、長い刀を短い刀に持ち替えて抜くのだから、鞘を後ろに落とすのと五十歩百歩だ。観客が「失望らしく散乱」したのは当然だろう。

　しかし、昭和四年（一九二九）の『香具師奥義書』は、東京で活躍していた長井兵助の技を高く評

価している。

長井兵助は、商はんが為めに人集めの手段として居合抜きをした。それが、つまり其の技が余り見事だ、と云ふので、本職の売薬よりも寧ろ内職とも云ふべき方面で有名になつたのである。[20]本業よりも有名になるほどの見事な技だったというから、鞘を落としたり、短い刀に持ち替えたりはしなかったのだろう。

では、このような長井兵助に対する評価の違いは何によるのだろうか。それは、東京にいるはずの兵助が大阪天満宮に店を出していたことにも関わる。実は、長井兵助が浅草で評判をとると、その名は、やがて「居合抜き」の業態を指す普通名詞になっていったのである。『図説 江戸大道芸事典』も、「長井兵助」の項で「居合い抜きをみせて楊枝、歯磨き粉を売る者。また、その芸。[21]」と説明する。芸の世界で長く生きた南陵は、「長井兵助」が固有名詞ではなく、「居合抜き」一般を意味することを知ったうえで話したのだろう。鶴造少年が見たのは、浅草の長井兵助とは別人だったのである。事実、明治三十一年(一八九八)刊の『大阪繁昌誌』が紹介する天満宮境内の居合抜きは、「長井兵助」とは名乗っていない。

社内には八卦八段偽九段の易者を始め、奥の手の見え透きさうな所が不思議の手品師、さては鹿爪らしく博士顔して蝶々と歯磨、熊の脂肪等の効能を述べ立つる文盲の学者、真面目に洞尾福太郎と名乗もしつべき居合抜の売薬屋等、とり〴〵に奇異なる売声呼声に、参詣の人々皆足を停めざるはなし[22]

「八卦八段偽九段」とは「八卦八段嘘八百」と同じで「嘘ばかり」の意、全体的に大道芸に対して批判的な描写である。境内にいた易者については後述する。居合抜きが「ホラを吹く」に通じる「洞尾福太郎」と名乗っているが、この名は福沢諭吉の造語である[23]。その戯れた名を借用するくらいだから、初めからまともな技を見せる気がないのだろう。それを判ったうえで客が集まるとしたら、よほど話術に秀でていたに違いない。

ここで留意したいのは、たとえ浅草の兵助のように見事な居合抜きの技を持っていたとしても、頻繁に抜くわけにはいかないことだ。相応の客を集めるまでは話芸で客の興味を引き付けておかねばならない。「日に二遍ぐらい」しか抜かなかったというのなら（終日、境内で過ごした鶴造少年ならではの証言だ）、なおさら話芸に長けていなければならない。本人は「歯みがき」や「歯痛止めの薬」の販売を目的としていても、居合抜きの技や巧みな話芸で集客しなければならない。結果、販売と居合抜きと話芸のどれが本業なのかが曖昧になる。

このことは早く江戸時代に訴訟沙汰になっている。中尾健次（一九五〇～二〇一二）は、寛政年間（一七八九～一八〇一）と天保年間（一八三〇～一八四四）に起こった「乞胸」と「香具師」の利権争いを紹介し、その背景には次のような事情があったという。

> たとえばガマの膏売りは、居合抜きをやって見せて、腕を切ってそこにガマの膏を塗ります。結局はガマの膏を売るわけですが、居合抜きが単なる人寄せのためならば、もらう銭はガマの膏代ですから、彼は香具師となります。

しかし、ガマの膏が単なる付け足しで、居合抜きの芸に対する報酬ならば、乞胸の大道芸となって、乞胸の鑑札が必要になります(24)

すなわち、販売目的であるはずの香具師が様々な芸で人を集めたため、見世物で稼ぐ乞胸と利権が競合したのである。この利害関係は、先に引用したフィリップ・ポンスの理解（テキヤ＝商人、大道芸人＝乞食）にも関わる重要なテーマではあるが、いまは本稿の関心に絞って、販売よりも「口上や〝芸〟」を目的に客が集まっていた業態に注目しておきたい。天満天神裏においては、そのような大道芸と、そこに集まる人々がかもし出す風土のうえに、やがて寄席の文化が華開いたと考えるからである。

3、大将軍社と十二支方位盤

『社内之図』に戻ろう。「長井兵助」の北隣に「覗きからくり」が出ている（図17）。私も子どものころに四天王寺で覗いた記憶があるので、南陵がどのような語り口を示すのか聞きたいところだが、なぜか講演では触れられていない。のちに講談師になる鶴造少年が興味を示さなかったはずはないのだが、木戸銭の必要なものは関心の外だったのか。残念だが、南陵に従って大将軍社へ進もう。

《2》　それからこっちの方へ廻るとご承知の大将軍さんが祀ってあります。大将軍さんは面白い。これが天神さんの地主です。只今の天満の天神さんの昔のお地主さんです。大将軍があってそこへ天神さんを祀ったものです。それだによって、毎年毎年十二月三十一日、大晦日という日には天神さんの宮司さんが神主をつれて、三宝の上に紙に包んだ金をのせて、それを大将軍さんへ夜納めに行くんです。なんで納めるかというと、一年中の地代を納めに行くんです。これは毎年の行事でございます。今、それをするかせんか知りません。今の宮司さんはそれを知りまへんやろ。

南陵の講釈のとおり、大将軍社は大阪天満宮が創祀される以前からこの地に祀られていた地主神である。難波長柄豊碕宮（なにわのながらのとよさきのみや）を鎮護するために、西北から都へ入る経路上で行われた道饗祭（みちあえのまつり）の地に鎮祭された。その後、一夜にして社前に七本松が生えたという奇瑞によって、天暦三年（九四九）に天満宮が創祀されたと伝える。そのため、毎年の大晦日には、天満宮から大将軍社に「地代」を納めるのである。南陵は「宮司さんはそれを知りまへんやろ」というが、それはない。この行事は現在も続いているのだから。

なお、大阪天満宮が難波長柄豊碕宮の西北の大将軍社を前身とし、七本松伝承を伝えていることは、平安京内裏の西北の地に大将軍八神社が祀られ、その隣地に創祀された北野天満宮に千本松伝承が伝わることと相俟って、天神信仰成立時の興味深い課題なのだが、それについては別稿に譲り[25]、いまは南陵とともに表門に移動しよう。

《3》 この間も行って大笑いしたんです。天神さんの表門へ入ると門の上にこんな大きな磁石がありまます。汚のうなって古いですからね。それはそうでッしゃろ。私の子供の時分にかなり古かったんです。それから八十何年経っているので古いにきまっております。見上げても判らんほどになっております。そのふちにずっと十二支があるのですが、その中に酉だけがないんです。なんでかというと、菅公は道明寺の伯母御にお別れにおいでになった時に、寝呆け鶏が朝方、まだ夜が明けてへんのに啼いた。その時に菅公さんは正しい人であるから、夜であるから伯母上に会いに来たが、夜が明けてみれば私は流人である、流人であるから片時もおられないというので、あわてて道明寺を立ちのかれました。寝呆け鶏が刻限違いに啼いたという。そうですから、昔は道明寺には鶏を飼わなんだ。今はそんなことはおまへんでしょう。そこで鶏というものは菅公が受け入れ召されんです。それであるから門の上にある磁石のまわりには十二支の中で酉がない。その代りに孔雀を入れているんです。

文頭に「大笑いしたんです」とあるが、「汚のうなって古い」から笑ったということか、よく解らない。「大きな磁石」とは、今も表門に吊されている「十二支方位盤」のことである。平成五年（一九九三）の「酉年」に向けて修復したので、現在はきれいになっている。十二の方位に十二支のレリーフを配すが、西の位置だけは通常の「鶏」ではなく「鳳凰」が彫られている（それを「孔雀」と言うのは南陵の勘違い）。同様の方位盤は太宰府天満宮の絵馬堂でも見かけた。鶏を避けた理由は、南陵が講釈しているように、いわゆる道明寺説話に基づいている。この背景には、全国各地に伝わる「鶏飼わず伝承」があり、さらには中国の「鶏身の雷神」イメージにまで遡り得るのであるが、これについても別に論じたので[26]、ここでは繰り返さない。

4、砂がき親父からシチャラカポコポコへ

表門の説明を終えた南陵は、本殿の東側を進む。現在は、本殿とその東に建つ神楽殿の間に渡り廊下が架かり、結婚式の際にはここでの記念撮影が定番になっている。渡り廊下の設置は、明治三十四年（一九〇二）以降だから、当然ながら『社内之図』にはみえない。本殿の東側を進んだあたりに、天満名物の「砂がきの親父」がいたという。

《4》で、ずっとシラヨネさんの方へ向って行くと、ここに居よったのが天満の名物の砂がきの親父です。只今考えてみたら砂がきというものは立派な芸術ですなア、立派なものです。砂を手に握ってそれで絵をかくんです。絵を描くのんでもはじめは茣蓙の上にあたりまえの砂を水嚢で篩い出しよって、白の砂でシュッと輪郭を描きよった。白いだけではいかんので青い砂でふちの輪廓をこしらえる。それから描くのんは安倍仲麻呂を描くんです。冠をかぶった束帯で、冠の紐でも胸にきゅっと赤い絵具の入った砂でちゃんと安倍仲麻呂を描く。そして仲麻呂の口からもって行って、天の原ふりさけみれば春日なる、という歌をシュッと書くんです。その字がまたいいんです。立派な字です。それをはじめに書いて今度は下から書く、逆書きです。砂で逆に天の原

を書いて行く。横書きに書いて行く。タテヨコ十文字に歌を書いたものです。実にどうもこの仕事は見事なものです。いま考えてみると立派な芸術です。六十余りの親父で、ちょっと白い髭を生やしよって、だらりとした袴をはいておりました。

「シラヨネさん」とは「白米稲荷社」のこと、『社内之図』では「稲荷社」と記す。表門から稲荷社に向う途中、本殿の東北の角あたりが「砂がきの親父」の縄張りだった。

「砂書き」は、安倍仲麻呂の肖像画だけではなく、その望郷の歌を「タテヨコ十文字」に書いたというのだから、なかなかの技だったらしい。『図説 江戸大道芸事典』が「蔵前の砂文字」と「砂字書き」を立項するように、江戸では「砂文字」とか「砂字書き」と言われた。しかし、『江戸府内絵本風俗往来』が「砂文字というても文字をかくのは十中二三で絵をかくのである」とい

図19 「砂書き」(『大阪ことば事典』)

図20 「砂絵書き屋」
(三代長谷川貞信画『浪花風俗図絵』)

うから、大坂の「砂書き」と変わりはない。『大阪ことば事典』は、次のように説明し、挿図も載せている（図19）。

四天王寺の彼岸会などに大正初年頃まで出ていた大道芸人の一つで、常に五色の色砂を握り、拳からそれをこぼしつつ巧みに絵を描いて見せたもの。(27)

『浪花風俗図絵』は、三代長谷川貞信の描く「砂絵書き屋」の図とともに（図20）、より詳しくその業態を紹介している。

大地に座をつくって傍に黒く汚れた五、六段小抽出しのある小箱を置き、前に色付けのした砂を色わけの小容器に入れて並べてある。一握りの砂を取って「サアお客さん何の絵を書きまよか」といってグルリ取りまく人々に顔を向けると、誰からか「牡丹に唐獅子」という注文が出る。又子供達が「兎と亀や」というので、早速「そんなら兎と亀を書きまっせ」と握りこぶしの砂がサラ〳〵と地に流れ出す。みるみる亀と兎が競争をする姿が黒、白、赤と三本の線となって手ぎわよく描かれて行く。誠に至妙な大道芸人であったが、この砂絵書屋さんも大正の末ごろで全く姿を見せないようになった。昔を知る年寄りの中にはこの芸術をもう一ぺん見せてほしいと思う人も相当にいるのであろうと思う。

最後に小抽出し二つ位ある小箱を前に出して「サアこの抽出しに出て来るのは特別だっせ」といって、白い太い足に赤い腰巻の絵を見せてトンと叩くと「ハイさいなら」といって一切り休みとした。(28)

「砂書き」の姿について、南陵は「白い髭」と「だらりとした袴」を記憶していたが、（図19）（図20）ともに、そのようにはみえない。天満宮の「砂書き」は、僧侶の姿だったという次の記録もある。

> 御霊社・天満宮などの境内に砂がき坊主といふ者居れり、色染めしたる砂を掌に握り、掃き清めた地に巧みに色々の絵を描けり、弐色一つに摑みても描く時にはさらに混ぜず、ケツからケツ天満宮などと唱えて草書文字を下から上へ天満宮と見事に書きなすなど迚も妙技なり、自ら外に類なし砂書き上人などと称し立ち並ぶ子供等をボロ糞に叱り飛しなどして居た。(29)

「砂がき坊主」「砂書き上人」と自称したというのは、その系譜を考える参考になりそうだが、それはともかく、「砂書き」には、「長井兵助」のような定番のスタイルがあったわけではないようだ。しかし、どの記録をみても「砂書き」は見事な技をみせており、長井兵助のような怪しい技ではなかったらしい。

天満宮の「砂がき親父」が亡くなったあと、その縄張りは「シチャラカポコポコ」に引き継がれた。そのため『社内之図』には「シチャラカポコポコ」が描かれている。

《5》この砂がきの親父が死んでしまうて、その跡へ店を出したんが天満中にはやりましたシチャラカポコポコです。これがまた流行ったの流行らんの。前の砂がきの親父は砂をいじるから汚かったけれども、今度のシチャラカポコポコという奴はバリッとしたなりをして、博多の帯をシュッと貝の口に結んで、頭に大きな髷をのせている。木魚をばこう持ちまして、女房も気の利

いたなりをして、帯の前にお皿を一枚くくりつけて、皿叩きと撥と二つ一緒に持って三味線を引きよる。すると親父が

シチャラカポコポコ　ナンダボコチャラチャラ　ドンブリバチャウイタウイタ　スットコドッコイビッコイドッコイ

とうたう。スットコドッコイドッコイドッコイといいながら嫁はんの顔をヒョイとみる。嬶が

チャンチャラチャン　チャンチャラチャン

と弾く。

カカ、よう合うたな

こういうと嫁はんが

うんうん

とうなずく。きっかけをわたしよるのが実にイキが合うたものです。

このシチャラカは金を貰うのではない。お菓子を売るんです。私はものもらいでございませんからお菓子ンを買うて下さいという。そのお菓子ンもきれいな飴で、菓子を売る荷物も実にきれいで、きれいごとでそのシチャラカを歌うてお菓子を売る。これが大阪中にはやりまして、その時分、子供らもシチャラカポコポコと歌うて歩いたぐらいよくはやったものでございます。これが砂がきのあとへ来たんです。こういうふうに、天神さんの中だけを歩いていても一日ぐらい楽に遊べたものです。

図21　シチャラカポコポコ
（『摂州天満宮社内之図』の部分）

少年のころに毎日のように境内で遊んでいたとはいえ、傘寿を超えてからの講演で、飴売り夫婦の掛け合いを再現していることに驚かされる。当時の子どもたちは、そのパフォーマンスに夢中になり、口真似しながら踊っていた。だからこそ、晩年の南陵も、昨日のことのように思い出すことができたのだろう。

「流行ったの流行らんの」と言うとおり、『社内之図』のなかでは「シチャラカポコポコ」の集客力が際立っている（図21）。円陣の中央にいる男性は、南陵の記憶では「大きな髷」で「木魚」を持っていたはずだが、ここでは確認できない。その右に床机に坐っている女性は、南陵のいう「女房」だろう。帯の前にくくりつけられた「お皿」もはっきりしないが、三味線は確認できる。「ドンブリバチャウイタウイタ」の一節からは、「ドンブリバチャウイタウイタ、ステテコシャンシャン」の俗謡が思い浮かぶ。

「シチャラカポコポコ」は「きれいな飴」を売っていたというから、飴売りの夫婦ということになる。

すると、先に引用した「天満飴売」（図10）との関わりが気になる。夫婦は、「やんりゃこりゃ　こりゃこりゃ　てんまの菊やとて　かくれ御座らん　あめが下哉」と唄って飴を売っていた。昭和十八年（一九四三）の『大阪商工祭風俗行列画巻』にも、長谷川貞信が描くところの「天満飴売」の絵が収められ、「鉦や太鼓をならしながら、その音に合せて唄い、おどけ踊りをして子女を集めて売って歩いた。」[30]と解説されるが、その絵は貞信が自身の記憶で描いたのではなく、図10を写したものであり史料的価値はない。いまは、「天満飴売」から「シチャラカ飴売」にいたる系譜を指摘するだけに留めておこう。[31]

5、大弓場・娘義太夫・八卦見と宮崎八十八

「シチャラカポコポコ」を楽しんだ後、南陵は「西裏門」から境外へ出る。門を出たあたりが大工町だったので「大工門」ともいう。大工門から北へ伸びるのが「裏門通り」、その先で東西に走る「新門通り」と交差している。本来の「裏門」は、もっと北方にあったが、「上知令」による境内地の縮小に伴い、この地に移されたのである。

『社内之図』では、門を出た左手に「演劇場」と見えるが、すやり霞や「梅林」に隠れて建物はみえない。それでも、幟の上端には「市川」「嵐」「中村」などの文字が読めるから（図22）、歌舞伎を興行中なのだろう。しかし、鶴造少年の関心はその右手にあった。

《6》 ちょっと裏門の方へ出ると出口に大弓場があって、その道の好きな人が片肌ぬいでビュウッと矢を射ている。

その隣りには日本娘義太夫元祖南岳の席という女義太夫の元祖です。南岳の席というのがちゃんとあります。

その向いには神主さんの装束をしよって、三宝の上にモゲサを積み上げて立派な男が坐っているのが宮崎八十八という八卦見なんです。モゲサを割って辻占を出して八卦を見てもらう。この辻占八卦が成功して、天満のなかで映画の宮崎映画、宮崎館、それからその時分は大八会(だいはちかい)という噺家をば抱えこんで噺家の会をつくって、そこらぢゅうの席をかけてエライ成功した。そして天満の地下町にびっくりするような家を建てた。これが宮崎八十八です。

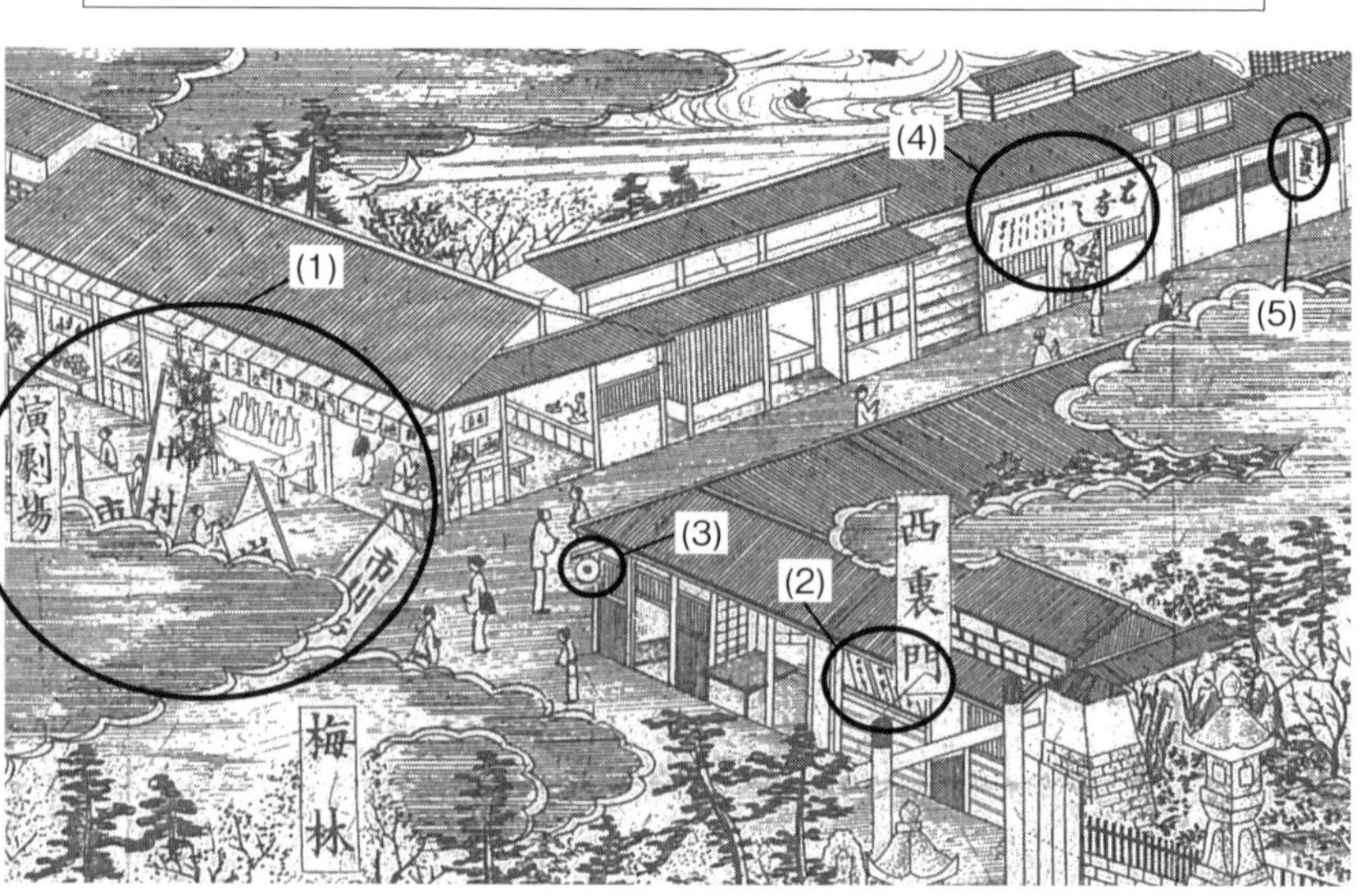

図22　歌舞伎興行の幟(1)、招き(2)と的(3)の看板、はなし(4)と軍談(5)の看板(『摂州天満宮社内之図』の部分)

南陵は、大工門の出口に「大弓場（だいきゅうば）」すなわち「楊弓場（ようきゅうば）」があり、その隣に「南岳の席」があったという。しかし『社内之図』では、門を出たすぐ右手の建物の軒下に「招き」看板らしきものが描かれ、その北側の一軒おいた隣に「大弓場」の「的」の看板がみえている（図22）。南陵の記憶とは南北が逆になっていることについては、後に再論する。再現地図「明治30年〜40年ごろの新門通り界隈」によれば[32]、「大弓場」の並びには、女義太夫の「南岳の席」と、新内源氏節（しんないげんじぶし）の「八蝶席」があったから、「招き」はそのどちらかのものだろう。興味深いのは、嘉永五年（一八五二）の『浪華天満聖廟之図』（前掲）にも、ほぼ同じ場所に「的」が描かれていることである（図23）。「上知令」によって境内から境外になっても、営業の継続が認められたことの証左になろう。

図23　「的」の看板（中央）（『浪華天満聖廟之図』の部分）

「南岳の席」は「南歌久席」とも表記する。明治十六年（一八八三）の「大工町定設寄席申合定約書」(33)では「女浄瑠璃定席」の小屋とされ、松本儀助の所有となっている。千日前の「播重席(はりじゅうせき)」と並ぶ、女義太夫の代表的な席だった。

「南岳の席」の向かいに、八卦見の宮崎八十八がいたというが、『社内之図』では「梅林」の陰になり、その姿は確認できない。長井兵助の前方にも八卦見が描かれているから（図17）、これが八十八なのかもしれない（神主の装束には見えないが）。

八十八は、「八卦見」のほかに、『廿八宿吉凶表』（一九〇一年）、『星廻り独占』（一九〇四年）、『絵入神易独判断』（一九一七年）、『日鑑(にっかん)』（一九二三年）などの易学書や暦類を執筆、その合間には、『各国洪水飛報』（一八八四年）、『奇々妙々伝』（一八八五年）、『開化わらい 八重たすき』（一八八五年）、『陸海軍大勝利落しばなし』（一八九四年）、『十二支生質之弁』（一九〇一年）なども執筆し、その発行にもあたっていた。「八卦見」だけはなく、「一一堂」（「宮崎一一堂」とも）を拠点とした執筆・出版活動でも収入を得ていたのである。『八重たすき』の奥付には、「大阪府南区難波新地五番丁廿五番地寄留」(34)とあるから、のちに地下町の「びっくりするような家」に移ったことになる。地下町は鶴造が生まれた町である。

大正三年（一九一四）九月、八十八は「杉の木席」を買収、翌年一月には「宮崎亭」と改称して、演芸界へのデビューを果たした。「杉の木席」の場所は、「社内之図」の「的」が掲げられた角に当たる。「杉の木席」以前には、新内源氏節の「八蝶席」があったというから、「八蝶席→杉の木席→宮崎亭」と変遷したことになる。ところが、注(2)に掲げた「大阪の寄席」では、明治十六年（一八八三）の「大工町定設寄席申合定約書」にみえる林家岩太郎の「諸芸」の小屋が「八蝶席」だという。すでに明治十六年に「八蝶席」があったのなら、明治二十年の「社内之図」に描かれていなければおかしい。しかし、角の小屋には「楊弓場」があったことになっている。そういえば、南陵も出口に「大弓場」があり、その北隣が「南岳の席」だと記憶していた。前出の再現地図「明治30年〜40年ごろの新門通り界隈」も、北隣の角の小屋に「杉の木席」、その南隣に「南歌久」、大工門の出口に「弓場」を記している。さらには、大正九年（一九二〇）ころの地図「天満天神付近図」[35]も、角に「宮崎亭」、その南隣に「南歌久亭」を記す。この付近は小屋の進出・撤退や売買が頻繁に行われており、これらの情報には時間的な錯簡があるのかも知れない。

大正六年（大正四年とも）一月、八十八は、落語家二十名余と万才や漫談などの色物を集めて「大八会」を発足させた。十一年（一九二二）九月には千日前の「播重席」を三年間賃貸して「播重座」の名で女義太夫を興行、翌十二年夏には「南歌久席」を買収し、「第二宮崎亭」と改称して講談を興行している。しかし、十三年の『大大阪営業大観』には「宮崎亭　寄席　大工町三　宮崎八十八」と並んで、「南歌久　浪花節　大工町三　原せい」と記されているから[36]、「第二宮崎亭」はまもなく原盛太郎の系列に移り、「南歌久」の名に戻されたらしい（原盛太郎については後述）。

続いて、大正十四年（一九二五）九月には「播重座」の営業不振のため、契約切れを機に千日前から撤退している。さらに十二月には「宮崎亭」を改築して「宮崎倶楽部」と改称し、活動写真の上映館になった。南陵のいうように「宮崎館」とも呼ばれた。八十八が興行演目に「万才」を加えたことが、その後の「漫才」隆盛の流れを作ったともいわれるように、彼は大阪の興行史に足跡を残して、昭和九年（一九三四）に没した。享年八十二であった。

ちなみに、この「大弓場」と「南岳の席」「八蝶席」の立ち並ぶ場所が、二〇〇六年九月十五日に柿落としを行った「天満天神繁昌亭」の地である。上方落語協会の桂三枝会長の依頼を受けて、大阪天満宮の寺井種伯宮司（現・名誉宮司）が土地を無償提供して実現したのだが、その経緯については、堤成光『奇跡の寄席　天満天神繁昌亭』に詳しい(37)。

6、放生亀（ほうじょうがめ）・浪花節・落語・講釈と原盛太郎

南陵の境内案内も終盤である。宮崎八十八の前には、「亀屋の親父」がいたという。八卦見だった八十八が、のちに女義太夫の「南歌久席」を買収したのと同じく、この親父も、やがて演芸界に進出して浪花節の「国光席（くにみつせき）」を育て上げることになる。

《7》その前のところに向うの方に床几を置きよって、そこへ鉢を置きよってゼニガメなんぞのカメをじっと見ている人がある。カメを売るんです。亀の池に逃がす人がある。その亀屋の親父というのが、どこで融通したか知らんけれども浪花節の小屋を安う借りて、これが大成功して浪花節を成功させた国光の席というのがこれでございます。浪曲の席で第一国光、第二国光、第三

国光で、親友派という派ができて浪曲の奈良丸、小円、鶴治なんぞというのがどっと売り出して、天満の席は日本一の浪花節の席であった。あの国光という亀屋のおっさんが亀をみながら金を拵えてできた、これが成功者の二人です。天満の裏門をちょっと出たところです。

亀の池を曲るところに林家という落語専門の席があって、その隣に講釈場があった。それから例の天満名物のいなりずし。それから亀の池。

あの亀の池は粋なところでした。上に藤棚があって、そこに茶店型になっております。亀の池へ行って、茶店に腰をかけて、お菓子でもたべてお茶を一杯でも飲んでもらおうという。奥には発句の会とか、川柳の会とかそういうようなところもあるし、お弁当でも持って行って食べられるように、ちゃんとできてあったものです。


『社内之図』は、「愛敬橋」の東西に「星合池」を描くが、その西部は埋められて今はない。「星合池」は、「明星池」「七夕池」とともに、古代の星辰信仰に由来する名である。「明星池」は、現在の「紅梅温泉」（天神橋三丁目）あたりにあったが今は跡形もない。「七夕池」は、堀川小学校（東天満二丁目）に痕跡を残している。『社内の図』の「星合池」は、延宝八年（一六八〇）の「摂州西成郡南中嶋惣社天満宮略御縁起」(38)では「はす池」と記されていた。もう少し北方にあった本来の「星合池」が埋め立てられた後に、その名だけを境内の池に移したらしい。地元では「亀の池」と呼ばれることが多い。

「亀屋の親父」は、この「亀の池」に放すための亀を売るのである。仏教の慈悲の思想に基づき、捕らえられている鳥や魚を放すことにより、善根を積んだことになる。この行為を「放生」という。その亀は鉢の中で泳いでいたようだが、これは本来の亀の売り方ではないらしい。『浪花雑誌　街廼噂』は、江戸と大坂の「放シ亀」の絵を載せ（図24）、江戸では「胴中を糸にてしばりつるしおく」、大坂では「竹の筒を切りて其の上へのせおく」[39]と、その違いを説明する。『浪花風俗図絵』にも「放亀放鳥売り」の絵が載っているが、やはり、亀は竹筒の上でもがいている（図25）。その解説には次のようにある。

　春秋のお彼岸会やらお大師さん詣りに、四天王寺や阿弥陀池の和光寺に参詣する

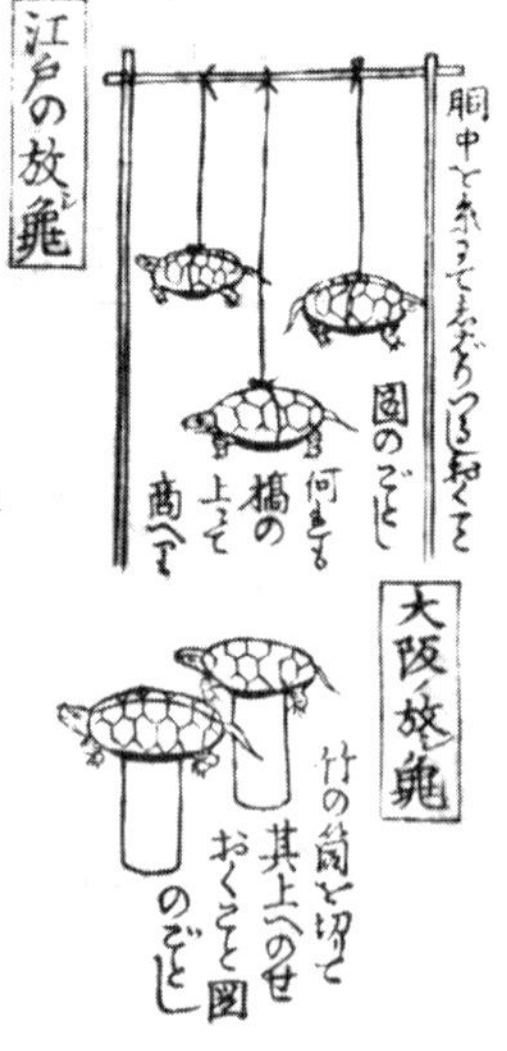

図24　江戸と大坂の放シ亀
（平亭銀鶏著・歌川貞広画『浪花雑誌　街廼噂』）

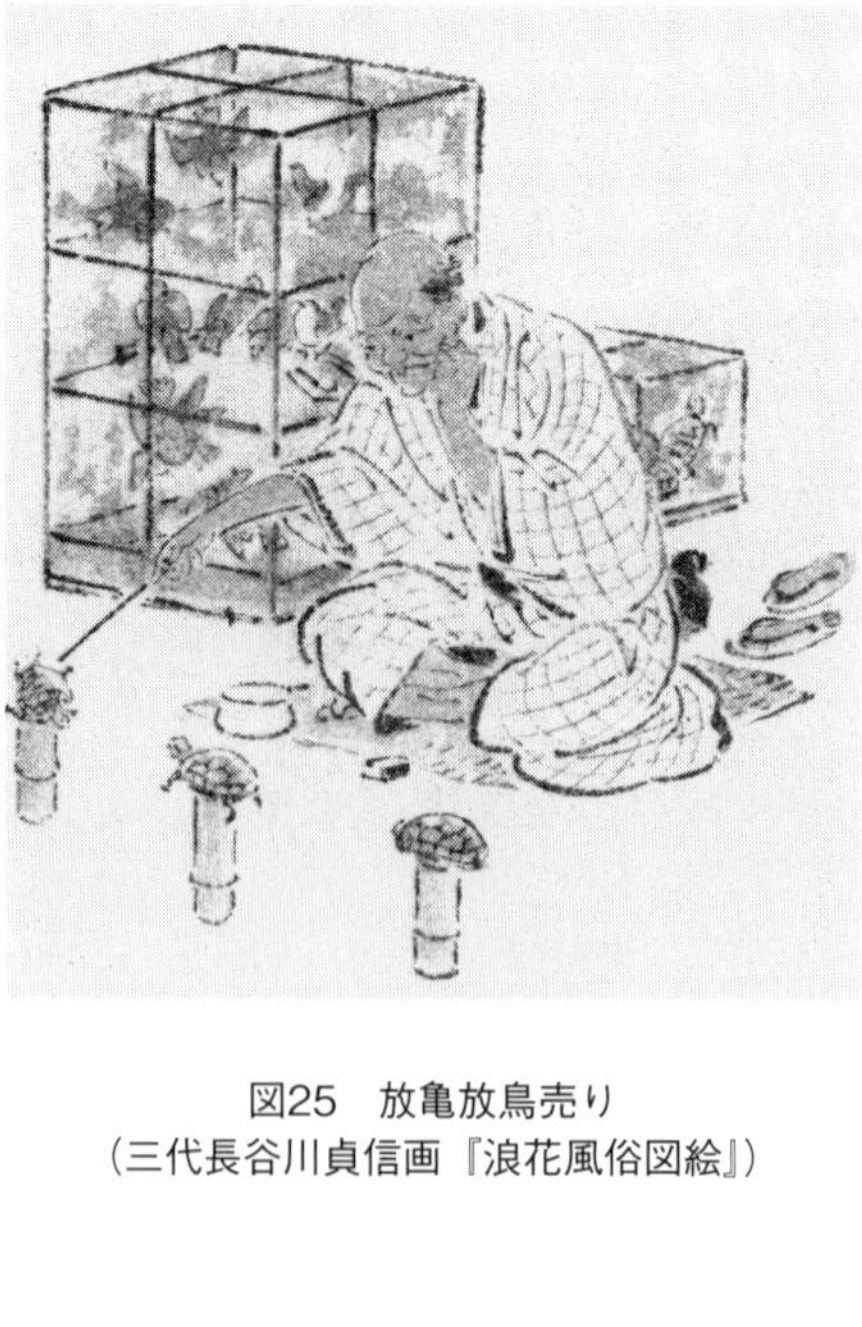

図25　放亀放鳥売り
（三代長谷川貞信画『浪花風俗図絵』）

善男善女が亡き仏の供養にと放亀、放鳥(すずめ)を買って（亀は三銭〜十銭、すずめは二、三銭）放してやるので、すずめは金網や竹籠に入れてあり、亀は容器より出して一寸位の太さの竹を五寸位の長さに切って立てた上に乗せられてあって、亀が首を伸ばし四足でもがいている姿は一寸あわれをもよおすものであった(40)。

「あわれをもよおす」姿にするのは、池に放してやりたい衝動を引き起こすためだろうか。鉢の中で泳いでいるよりは効果的だったに違いない。

余談になるが、三十数年前に亀の池近くの古老に聞き取りを行った際に、面白い話を聞いた。放された亀は、夜になると池から這いあがって、亀売りのもとに戻ってくるように躾けられていたというのである。「伝書鳩」ならぬ「伝書亀」伝説である。その老人は「そら、元手がいらんのですから、儲かるはずですわ！」と微笑みながら話してくれた。私には亀にそのような躾が可能だとは思えないのだが、様々な大道芸の本拠となっていた天満宮らしい逸話として紹介しておきたい。

この「亀屋の親父」は元紀州藩士で、原盛太郎（守太郎とも）国光といった。彼が浪花節の小屋を経営するにいたる経緯は、「浪曲師の憧れ」に説明されている。

明治九年の家禄廃止で、「金禄公債」と呼ばれる一時金を貰うと、これを元手に大阪へ出てひと旗揚げようとした。最初、大阪と和歌山をつなぐ乗り継ぎ人力車の会社を始めたが、文字通り「武家の商法」で失敗、逼塞して天神さんの裏へ流れてきた。ここで何をしていたかははっきりしないが、明治二十二年新門通りで「浮連節」（浪曲の前身）専門のコヤを経営していた日本橋の砂糖商・古川熊蔵から「あとをやらないか?」ともちかけられた。(41) 逼塞した盛太郎が裏門辺りで「何をしていたかはっきりしない」とあるが、そのころに放生亀を売っていたのだ。「浮連節」は「浮かれ節」とも書く。江戸末期の「祭文」や「ちょぼくれ」などの大道芸から発展し、明治初年には、東日本では「浪花節」、西日本では「浮かれ節」と呼ばれ、明治末年に「浪花節」が一般的になった。

盛太郎が「浮連節」専門の小屋経営を打診されたとあるのは、南陵が「浪花節の小屋を安う借り」たというのに符合する。彼は自らの実名を採って「国光席」と名付け、「日本一の浪花節の席」にまで育て上げた。その人気を支えたのは「東の(桃中軒)雲右衛門、西の(吉田)奈良丸」と賞された二代目奈良丸である。明治末期の浪花節の隆盛に伴い、第二、第三、第四の国光席を展開させたが、のち戦火で失い、昭和二十五年(一九五〇)に六十五歳の生涯を閉じた。

さて、盛太郎から亀を買った参拝者は、『社内之図』の「大弓場」の角を東へ折れて、亀の池に向うことになる。角を曲ると、左手に落語専門の「林家席」があった。その立地から「亀の池席」とも通称される。「社内之図」では「はなし」の看板が揚がっている(図22)。「はなし=昔噺」、すなわち落語の席である。その席主であった林家岩太郎は、林家木鶴の名で高座に上がったともいう。

「林家席」は、明治三十二年(一八九九)の『南海鉄道旅客案内』が挙げた市中の寄席ベストテンに入っている。(42) また、明治三十六年(一九〇三)には坊亭かづらが、市中に数ある寄席の中で「昼興行をして居るのは、法善寺内の金澤と紅梅亭と天満の林家席のみで、跡は皆な夜席ばかりだ」(43)と書いたように、人気の小屋だった。

「林家席」の東隣をみると「軍談」の看板がみえる。南陵がいうところの「講釈場」、講談の「吉田席」である。「大工町定設寄席申合定約書」では「諸芸及講釈定席」とされる。食満南北が「程近い美声に亀も首をあげ」と川柳に詠んだのは、この「吉田席」から洩れてきた講談の一節ではなかろうか。

「社内之図」で愛敬橋を渡ると、藤棚があり、その右手奥に茶店が描かれている。この藤棚と茶店は今に伝わっている。南陵のいう「天満名物のいなりずし」は、亀の池の手前にあったらしいが、昭和五十年ころには亀の池畔の茶店「星合茶寮」で売られていた(44)。

おわりに―天満八軒の風土―

「天神さんの中だけを歩いていても一日ぐらい楽に遊べたものです」と南陵が懐古したように、天満宮境内外は楽しい場所だった。それは、道頓堀のきらびやかな賑わいとは異なり、庶民的、日常的な賑わいの場だった。口振りを変えれば、道頓堀は「晴」の、天満宮は「褻」の遊興地だったといえるだろう。

「居合抜き」「砂がき親父」「シチャラカポコポコ」「放生亀」「八卦見」、どれも単なる販売ではなく、話芸が必須の商売だった。そして、それを楽しむ人々がいた。天満宮に参拝のついでに話芸を楽しむ風土があった（遊興のついでの参拝、といってもいい）。落語を例にとれば、大阪落語は大道芸から、江戸の落語は座敷芸から始まったといわれるが、それはとりもなおさず、大阪には大道芸を楽しむ庶民文化が浸透していたことの裏返しでもある。ただ品物を並べて客待ちするのでは、大阪らしくないのである。

そのような風土が色濃く漂う天満に、「女義太夫」「講談」「浪花節」「落語」「歌舞伎」などの小屋が立ち並んだのは当然であった。そして、その風土で育てられた大道芸人たちも、その儲けを資金として演芸界に進出することを夢見たのだった。南陵が、宮崎八十八と原盛太郎を「成功者の二人」と賞したのは、そのような彼らの想いを熟知したうえのことである。その意味では、その風土に育てられ、のちに「大南陵」と賞された二代目旭堂南陵こそが、最大の成功者だったともいえよう。

大阪天満宮の大工門を出たあたりは、「天満八軒」で賑わった寄席の町であったとか、吉本興業発祥の地だとか、のイメージが強い。しかし、本稿の関心はそこにはなく、そのような寄席の町を育てた風土にあった。様々な大道芸人が技を競ったからこそ、それを楽しむ数多くの人々がいたからこそ、天満の寄席文化は華開いたのである。

注

（1）暁鐘成『摂津名所図会大成　巻十二』（安政二年・一八五五）。

（2）江戸時代の歌舞伎興行を中心とした青木繁「大阪天満宮社内芝居沿革序説」、大阪天満宮史料室編『大阪天満宮史の研究　第二集』（思文閣出版、一九九三年）、落語を中心とした中川桂「近世大坂の寺社境内における寄席興行―天満天神社の場合―」『演劇学論集・日本演劇学会、一九九九年）などがある。また、明治以後の落語界を扱った研究には、肥田晧三「明治の大阪落語」『日本書誌学大系55　上方学芸史叢攷』（青裳堂書店、一九八八年）、中川桂「明治・大正期　天満天神付近の興行街」（『演劇学論叢』第七号、二〇〇四年）などがあり、明治から戦前までの寄席の変遷については、樋口保美「大阪の寄席」（『芸能懇話』一六号、二〇〇五年）に整理されている。

（3）旭堂南陵「大阪昔ばなし―鶴松どん―」『なにわ拾遺』第二集（大阪芸文協会、一九七四年）。

（4）「摂州天満宮社内之図」（『大阪天満宮所蔵古文書』N-22）。この種の地図については、そこに描かれた情報が発行年から大幅に遡る可能性を指摘する研究もある。しかしながら本図の場合は、明治十九年十一月二十三日に落成奏上祭が行われた「御鳳輦庫」が描かれていることから、明治二十年ころの情報とみて間違いない。

（5）「日録　弐」（『大阪天満宮所蔵古文書』K1-21）。前掲、中川桂「近世大坂の寺社境内における寄席興行―天満天神社の場合―」に翻刻がある。

（6）『絵本御伽品鏡』（黒川真道編『日本風俗図絵　第七輯』日本風俗図絵刊行会、一九一八年）。

（7）水川隆夫『増補　漱石と落語』（平凡社、二〇〇〇年）は「長井兵助と豆蔵」の項を設けて、漱石が大道芸に関心を持っていたことを論じている。

（8）喜田川守貞『守貞謾稿』（東京堂出版、一九九二年）。なお、京坂と江戸における呼称の違いについては、「皇都午睡」が異なる理解を示す。すなわち「劇場俳優の物真似をするを東都にて豆蔵声色といふ、浪華にて忠七の身ぶり物まねと云ふ」（西沢一鳳「皇都午睡」嘉永三年〈一八五〇〉『新群書類従　一』）というのだから話はややこしい。同じ呼称を持つだけで、その業態も同じと判じたための過ちが影響しているように思う。小論の「豆蔵」の理解は、その反省に立つ。
(9) フィリップ・ポンス『裏社会の日本史』(筑摩書房、二〇〇六年)。
(10) 拙著『天満宮御神事御迎船人形図会』(東方出版、一九九六年)。なお、御迎え人形とは、天神祭・船渡御において御神霊を迎える御迎え船に乗せるための風流人形である。
(11) 「絵本家賀御伽」(前掲注(6)『日本風俗図絵 第七輯』)。
(12) 「玉露叢 巻三七」盛田嘉徳『中世賤民と雑芸能の研究』(雄山閣、一九九四年)から引用。
(13) 鶏鳴舎暁晴『浪華の賑ひ』(安政二年・一八五五)。なお鶏鳴舎暁晴は、『摂津名所図会大成』の著者・暁鐘成の別名。
(14) 嘉永五年『浪華天満聖廟之図』(『大阪天満宮所蔵古文書』N-7)。
(15) 岡本良一監修『花の下影 幕末浪花のくいだおれ』(清文堂、一九八六年)。
(16) 延宝四年(一六七六)の一無軒道冶(いちむけんどうや)『難波鑑(なにわかがみ)』に「天満天神の門の前に茶屋あり、茶屋のあるじとしごと是をつとむ」と記されるのが小山屋のことである。また享和二年(一八〇二)の大田南畝『葦の若葉』にも「此馬にのる男は例年山本屋といへる市人なり」(「山本屋」は「小山屋」の誤記)とみえる。
(17) 宮本又次『てんま 風土記大阪』(大阪天満宮、一九七七年)。菅楯彦『浪速天神橋』には「天神旗売り」が描かれている(『大阪天満宮社報 第69号、二〇一六年)。
(18) 菊池貴一郎『江戸府内絵本風俗往来』(東陽堂、一九〇五年。青蛙書房から二〇〇三年に復刊)。
(19) 鍬形蕙斎(くわがたけいさい)画『近世職人尽絵詞』。東京国立博物館蔵。
(20) 和田信義『香具師奥義書』(文芸市場社、一九二九年)。『近代庶民生活誌 17見世物・縁日』(三一

(21)　宮尾與男編著『図説 江戸大道芸事典』（柏書房、二〇〇八年）。
(22)　宇田川文海・長谷川金次郎『大阪繁昌誌 下巻』（東洋堂、一八九八年）。
(23)　福沢諭吉「文字之教附録」（『福沢全集 第三巻』、時事新報社、一八九八年）に「洞尾福太郎（ほらおふくたろう）、呉摩嘉七郎（ごまかしちろう）、摺子義一郎（すりこぎいちろう）」とみえる。
(24)　中尾健次『江戸の大道芸人 大衆芸能の源流』（三一書房、一九九八年）。
(25)　拙稿「大阪天満宮の創祀伝承―天神信仰と「松」―」（大阪天満宮史料室編『大阪天満宮史の研究』思文閣出版、一九九一年）。拙稿「大阪天満宮と天神信仰―星辰信仰と疱瘡神―」（注（2）『大阪天満宮史の研究 第二集』）。拙著『奇想天外だから史実―天神伝承を読み解く―』（大阪大学出版会、二〇一六年）。
(26)　拙稿「天神信仰と鶏と鳳凰」（『月刊百科』三六六号、平凡社、一九九三年。前掲注（2）、『大阪天満宮史の研究 第二集』に再録）。
(27)　牧村史陽編『大阪ことば事典』（講談社、一九八四年）。
(28)　長谷川貞信画『浪花風俗図絵』（杉本書店、一九六八年）。
(29)　黒崎貞枝「明治初期の大道芸人」（『上方』五八号、一九三五年）。
(30)　長谷川貞信画『大阪商工祭風俗行列画巻』（一九三三年）。長谷川貞信原画『浪花風俗図譜 全』（和泉文化研究会、一九六四年）として再刊。
(31)　牛嶋英俊『飴と飴売りの文化史』（弦書房、二〇〇九年）は飴売りの系譜をたどっているが、「天満飴売」や「シチャラカ飴売」についてては触れるところがない。

(32)「浪曲師の憧れ」(読売新聞大阪本社社会部編『実記・百年の大阪』朋興社、一九八七年)。

(33) 明治十六年「大工町定設寄席申合定約書」(『大阪天満宮所蔵古文書』G-115)。前掲、中川桂「明治・大正期　天満天神付近の興行街」に翻刻がある。

(34) 宮崎八十八『開化わらい　八重たすき』(一二堂、一八八五年)。

(35)「大正9年頃の天満天神付近図」(前掲注(2)、中川桂「明治・大正期　天満天神付近の興行街」)。

(36) 前掲注(2)、樋口保美「大阪の寄席」から引用。

(37) 堤成光『奇跡の寄席　天満天神繁昌亭』(140B、二〇〇九年)。

(38) 延宝八年「摂州西成郡南中嶋惣社天満宮略御縁起」(大阪天満宮所蔵)。

(39) 平亭銀鶏『浪花雑誌　街廼噂』(天保六年〈一八三五〉)。

(40) 前掲注(28)、長谷川貞信画『浪花風俗図絵』。

(41) 前掲注(32)「浪曲師の憧れ」。

(42) 前掲注(2)、肥田晧三「明治の大阪落語」。

(43) 坊亭かづら「仁和賀(にわか)と落語」(佐々政一編『文芸界定期増刊博覧会記念　夜の京阪』第十六号、金港堂書籍、一九〇三年)。

(44) 前掲注(17)、宮本又次『てんま　風土記大阪』。

コラム⑬ 芝居『菅原伝授手習鑑』の史層

古典落語に埋もれた史層を掘り起こしてきましたが、これは古典落語だけに有効な作業なのではありません。同様の史層は、能・狂言・人形浄瑠璃・歌舞伎や講談・浪曲などの古典芸能にも埋もれています。

最終コラムのテーマに、人形浄瑠璃・歌舞伎の『菅原伝授手習鑑（すがわらでんじゅてならいかがみ）』を採り上げましょう。平安時代の菅原道真の左遷事件をテーマにした芝居で、その初演は、延享三年（一七四六）八月二十一日の道頓堀・竹本座です。『菅原』には、三つ子の兄弟「梅王丸」「松王丸」「桜丸」が登場します。

この梅王丸の「梅」が、菅原道真の「東風吹かば にほひをこせよ 梅の花 主なしとて 春を忘るな」の歌に響かせていることは、現代のお客にも自明のことでしょう（第五句は「春な忘れそ」とも）。もう少し造詣の深い方なら、この「飛梅伝承」が脚色されて、「飛梅・枯桜・追松」の伝承に発展したことを御存じかも知れません。事実、芝居の中で、菅 丞相（かんしょうじょう）（菅原道真）が次のように詠んでいます。

> 梅は飛び 桜は枯るゝ 世の中に 何とて松は つれなかるらん

この歌によって「梅王丸」だけではなく、「松王丸」「桜丸」の名も納得です。芝居では、この歌に符合するように、梅王丸は筑紫へ飛び、桜丸は腹を切るのです。そして松王丸は、「つれなかるらん（薄情なわけがない）」と詠んだ菅丞相の期待に応えて、我が子・小太郎を菅丞相の子・菅秀才の身替りに立てるのです。

この芝居の初演時には三つ子が登場すると、お客の全員がその趣向の面白さに感心したはずです。なぜなら、芝居の初演わずか一ヵ月前の七月二十八日に、菅原道真（天満天神）を祀る大阪天満宮近くの天満滝川町（大阪市北区）で三つ子が生まれていたからです（拙著『奇想天外だから史実』大阪大学出版会、二〇一六年）。現代の三つ子の誕生とは違って、当時は衝撃のニュースでした。観客たちは、最新の出来事を素早く芝居に採り入れた趣向に拍手喝采したのです。しかし、現代のお客にとって、それは遠い過去の出来事であり、埋もれた当代性の史層でしかありません。

加えて、この芝居には、有名な「寺子屋の段」があります。松王丸が菅秀才の首（実は身替りとなった小太郎の首）の首実検をする場面ですが、ここにも、当時ならではの関心が横たわっていました。というのは、この初演から七年後の宝暦二年（一七五二）には、大坂市中の寺子屋が二千五百軒余、寺子数が七万五千人を数えたという記録があるのです（『摂陽奇観』巻之三十）。かなり誇張された数字ですが、留意すべきは、このころの大坂町人たちの寺子屋への関心は高まっていたことです。しかも、多くの寺子屋では学問の神様である天神の画像を掛け、「大威徳天神感応経」（略称「天神経」）を誦経していたことです。そのあたりの当代性も、この芝居の人気を支えたのです。

添田晴雄「江戸時代の『寺子屋』教育」（『上方文化講座 菅原伝授手習鑑』和泉書院、二〇〇九年）では、「寺子屋」の名称が人々の間に広まったのは『菅原』の大ヒットによるものだと推測しています。

しかし、現在では、寺子屋の普及過程などは『菅原』の史層に埋もれてしまいました。このように、落語以外の古典芸能にも「埋もれた史層」が確認できるのです。

と、ここで終わってはつれない。最後に落語を一席、紹介しておきましょう。上方落語の『掛取り』は、江戸落語では『掛取り万歳』といいます。大晦日には借金を取り立てる掛取りが何人もやってきますが、主人公の男には返済の当てがない。そこで掛取りの好きなもので言い訳をし、いい気持にさせて追い返す作戦を立てます。

三遊亭円生の『掛取り万歳』では、最初に「狂歌」が好きな大家が家賃の取り立てにやってきます。男は、自身の貧しい様子を何首もの狂歌に詠み、大家を喜ばせて帰らせます。次の「喧嘩」が大好きな魚屋には、喧嘩腰で対応して追い返します。「義太夫」が好きな旦那には、義太夫の調子で声を張り上げ、「芝居」が好きな酒屋には芝居口調で、「万歳」が好きな旦那には三河万歳の節で喜ばせて、返済を猶予してもらうのです。

最初の大家との会話はこんな調子です。男は大家に向かって「貸しはやる 借りは取られる 世の中に 何とて大家 つれなかるらん」と詠みます。いうまでもなく、芝居『菅原』で、菅丞相が詠んだ「梅は飛び…」の歌のパロディーです。喜んだ大家は「お前が『菅原』もどきで言い訳をするんなら、あたしも決して時平（酷え）ことはいわない。桜丸の散る時分まで松（待つ）王としてやろう」と返します（時平は、菅丞相の敵役・藤原時平）。すると、男は「そう願えましたら、来春はお家賃はかならず梅（埋め）王にいたします」と応えるのです。

芝居の『菅原』を踏まえたやりとりに、寄席のお客は大喜びだったでしょう。しかし、現在ではこの会話の面白さを理解できるお客は少なくなりました。そのせいでしょうか、桂米朝（一九二五〜二〇一五）、笑福亭松鶴（一九一八〜一九八六）の『掛取り』に右の会話は出てきません。

江戸落語『掛取り万歳』の史層には『菅原伝授手習鑑』が横たわり、その『菅原』のさらなる史層には、江戸中期の三つ子誕生や寺子屋事情が埋もれていたのです。このようにみていくと、古典落語を底の浅い作り話などとは言えないように思うのですが。

図版出典一覧

跋――努々(ゆめゆめ)侮(あなど)ることなかれ――

「序」にも述べましたが、本書の執筆動機には本音と建前があります。建前としては、本書が掘り起こした史層などは知らなくても、落語は十分に楽しめる。けれども、その落語が生まれた時代の寄席では、どのような笑いを巻き起こしていたのかを知れば、もう一つ別の面白さに気付いて頂けるのではないかということでした。

そして、本音の動機としては、古典落語に掛けられた誤解を解きたいという思いです。笑わせてなんぼの底の浅い作り話であるとか、皮相的な駄洒落の笑いでしかないという誤解です。それは、古典落語を生み出す原動力ともなった風土を明らかにし、駄洒落に込められた真意を読み解きたいと言い換えても構いません。

勿論、本書で明らかにした史層や誤解の他にも、数えきれない史層・誤解があります。いや、私たちの生活が江戸後期・明治期から日々遠ざかっているのですから、古典落語には今も新たな埋没が進んでおり、その誤解も拡大再生産されているのです。だから、いま掘り起こさねばという気もあります。そのため、六章の末尾にも書いたように、成立年を確定しがたい古典落語を、歴史的な分析のテキストにすることの危険にはあえて目を逸らしているかも知れません。その意味で、史料批判の甘さに対する批難は甘んじて受けざるを得ませんが、それでも、いくつかの史層については、いま発掘しておいてよかったという自負があります。

それにしても、本書を執筆したことにより、改めて古典落語の曲者ぶりを知らされました。古典落語は、一筋縄には行きません。努々侮ることなかれ。

最後に、一昨年来のコロナ禍による厳しい出版情勢のなか、本書の刊行をお引き受けいただきました和泉書院の廣橋研三社長には厚く御礼申しあげます。そして、本書をお読みいただきました皆様には、アフターコロナには是非とも、寄席に足を運んで頂き、生の落語を楽しんでいただきたいと思います。雲外蒼天。

高島幸次

著者略歴

高島 幸次（たかしま こうじ）

1949年、大阪市生れ。龍谷大学大学院文学研究科修士課程修了。龍谷大学エクステンションセンター（REC）顧問、大阪天満宮文化研究所研究員。大阪大学招聘教授、追手門学院大学客員教授、本願寺史料研究所委託研究員などを歴任。専攻は日本近世史・天神信仰史。著書に『奇想天外だから史実―天神伝承を読み解く―』（大阪大学出版会）、『大阪の神さん仏さん』（釈徹宗と共著。140B）、『日本人にとって聖地とはなにか』（内田樹・釈徹宗・茂木健一郎・植島啓司と共著。東京書籍）、『上方落語史観』（140B）など。

古典落語の史層を掘る　**和泉選書196**

2022年8月20日　初版第一刷発行

著　者　高 島 幸 次

発行者　廣 橋 研 三

発行所　和 泉 書 院

〒543-0037　大阪市天王寺区上之宮町 7-6

電話 06-6771-1467／振替 00970-8-15043

印刷・製本　亜細亜印刷

装訂　森本良成

ISBN978-4-7576-1042-2　C0376 定価はカバーに表示